천연소재로 만드는
유러피안 스타일 옷

MAGALI 소무라 에리코

쉽게
만들어
입는 옷
11

즐거운상상

A

러플 칼라 블라우스

p. 06, 21, 22
{how to make 36}

B

프릴 칼라 블라우스

p. 10, 31
{how to make 38}

C

줄무늬 클래식
블라우스

p. 12, 30
{how to make 40}

D

스퀘어 칼라 원피스

p. 13, 29
{how to make 42}

E

뒷단추 돌먼 개더
풀오버

p. 17, 19
{how to make 45}

F

하이웨이스트
접박기 원피스

p. 14, 32
{how to make 47}

G

래글런 소매
더블 버튼 재킷

p. 24
{how to make 50}

H

래글런 소매
더블 버튼 배색 원피스

p. 25
{how to make 52}

I

멜빵 호박바지

p. 30
{how to make 54}

J

글렌체크 에이프런
드레스

p. 31
{how to make 57}

K

투웨이 에이프런
드레스

p. 06, 24
{how to make 59}

L M   N O

벌룬 소매 블라우스
p. 08, 09
{how to make 61}

벌룬 소매 원피스
p. 07
{how to make 63}

세일러 칼라 블라우스
p. 18
{how to make 64}

숄칼라 롱 원피스
p. 26
{how to make 66}

P Q

리넨 마린 팬츠
p. 10, 19
{how to make 68}

라즈베리 팬츠
p. 08
{how to make 68}

Contents

Prologue   p. 04
디자인과 옷감 고르기   p. 16
단추 고르기   p. 28
옷 만들기의 기본   p. 33

이 책에 실린 옷은 안단 등 옷본 일부가 공통된 것이 있고 옷깃, 소매, 전체 길이만 다른 것 등이 있습니다. 별첨 옷본에서는 이렇게 공통된 부분은 겹쳐서 실었습니다. 공통부분이 있는 옷본끼리는 공통된 부분을 살려서 옮겨 그리면 더 쉽게 만들 수 있습니다.

― 일부 공통 옷본
= 같은 옷본

R S   T U

블록체크 로브 코트
p. 22
{how to make 71}

2단 프릴 숄
p. 21
{how to make 74}

사이드 리본 스커트
p. 12, 18
{how to make 76}

사선 스티치 토트백
p. 20
{how to make 79}

Prologue

초등학생 때 처음 만든 갈매기 무늬 개더스커트.

옷감 한 장으로 마음에 드는 옷을 완성했을 때
그 기쁨과 감동은 지금도 생생합니다.

스커트와 똑같은 옷감으로 직선 박기 블라우스를 만들었더니
투피스가 되었지요.

어머니의 영향을 받아 시작한 양재.
무심하게 만들었던 그리운 나만의 옷.

다른 옷감으로 만들거나 길이를 늘이기도 하고 주머니를 달거나
옷본을 조금 수정하면 느낌이 또 다른 옷이 탄생합니다.
같은 리넨이라도 두께가 다른 감으로 만들면
봄여름 옷이 가을이나 겨울에도 입을 수 있는 옷이 되지요.

이토록 즐거운 옷 만들기에 MAGALI의 향수가 느껴지는
스파이스를 살짝 더할 수 있기를 바랍니다.

MAGALI 소무라 에리코

A / K

러플 칼라 블라우스
투웨이 에이프런 드레스

how to make P.36(A) / P.59(K)

M

벌룬 소매 원피스
how to make P.63

L / Q

벌룬 소매 블라우스
라즈베리 팬츠

how to make P.61(L) / P.68(Q)

L
벌룬 소매 블라우스
how to make P.61

B / P

프릴 칼라 블라우스
리넨 마린 팬츠

how to make P.38(B) / P.68(P)

C / T

줄무늬 클래식 블라우스
사이드 리본 스커트

how to make P.40(C) / P.76(T)

D

스퀘어 칼라 원피스
how to make P.42

F

하이웨이스트
접박기 원피스

how to make P.47

Design and Material

디자인과 옷감 고르기

처음으로 유럽의 오래된 옷을 만져봤을 때,
지금까지 만난 옷에서는 본 적 없는 충격을 받았습니다.
크림처럼 부드러운 색상, 눈부실 만큼 선명한 색채,
아담한 옷깃과 신기하게 생긴 주머니, 자수를 놓은 귀여운 포인트,
손바느질의 따스함이 느껴지는 리넨 소재 옷.
훗날 업무차 프랑스의 앤티크 숍을 둘러볼 기회가 많아져서
다양한 느낌의 오래된 옷을 만날 때마다 나도 이런 옷이 있으면 좋겠다,
저런 옷을 만들어 보고 싶다는 생각이 들었습니다.

저는 천연 소재를 좋아합니다.
입었을 때 편안한 느낌을 중시하고요.
모양이 딱 잡힌 소재보다 세월이 흘러서 변한 듯
축 늘어진 느낌의 옷감으로 만들면 피부에 닿는 느낌이 좋고
표정도 생겨나서 사랑스럽게 느껴집니다.

편안하게 일상에서 즐길 수 있는 옷.
소중하게 입고 싶은 마음을 담아 디자인과 소재를 선택하면
분명 멋진 옷이 될 거예요.

N / T

세일러 칼라 블라우스
사이드 리본 스커트

how to make P.64(N) / P.76(T)

E / P

뒷단추 돌먼 개더 풀오버
리넨 마린 팬츠

how to make P.45(E) / P.68(F)

U
사선 스티치 토트백
how to make P.79

A / S

러플 칼라 블라우스
2단 프릴 숄

how to make P.36(A) / P.74(S)

A / R

러플 칼라 블라우스
블록체크 로브 코트
how to make P.36(A) / P.71(R)

G / K

래글런 소매 더블 버튼 재킷
투웨이 에이프런 드레스
how to make P.50(G) / P.59(K)

H

래글런 소매
더블 버튼
배색 원피스

how to make P.52

o

숄칼라 롱 원피스
how to make P.66

Detail

단추 고르기

소박하고 오래된 것을 좋아해서 앤티크 의상에 달린 것 같은
자개단추나 싸개단추를 고를 때가 많습니다.

싸개단추는 그것만으로도 개성이 드러나는 마법의 단추라는 느낌이 듭니다.
입지 않는 옷, 더 이상 사용하지 않는 침대보,
민무늬가 아닌 리버티프린트 같은 귀여운 꽃무늬나 작은 물방울무늬,
줄무늬로 만들어도 재미있지요.

조그만 자투리 옷감으로 만들 수 있는 싸개단추.
검정 옷감으로 만들면 옷을 딱 정리해 주는 효과가 있습니다.
색이 같아도 똑같은 옷감이 아닌 다른 소재로 만들면
분위기가 한층 깊어지기도 하고요.

자개단추는 플라스틱에는 없는, 보석 같은 천연 광택이 마음에 듭니다.
블라우스나 원피스를 심플하고도 세련되게 완성할 때 큰 역할을 하지요.
MAGALI에서 사용하는 자개단추는 흰색이라면 바다방석고둥,
검은색이라면 키조개, 색깔과 모양이 아름다운 진주조개 등으로 만듭니다.
자연스러운 느낌으로 마무리하고 싶으면 옷감에 가까운 색의 단추를,
살짝 악센트를 주고 싶으면 검정 옷감에는 흰색 단추,
흰색 옷감에는 검정 단추 같은 식으로 존재감이 두드러지도록 즐겨 보세요.

C / I

줄무늬 클래식 블라우스
멜빵 호박바지

how to make P.40(C) / P.54(I)

B / J

프릴 칼라 블라우스
글렌체크 에이프런 드레스

how to make P.38(B) / P.57(J)

How to make

옷 만들기의 기본

* 이 책의 실물 크기 옷본에는 여성용 S, M, L, 2L사이즈가 있습니다. 아래 사이즈 표(신체 치수)와 작품의 완성 치수를 기준으로 하여 원하는 사이즈를 고릅니다.
* 모델이 입은 옷은 M사이즈입니다.
* 옷감을 마름질하는 법 그림은 M사이즈 배치 기준입니다. 사이즈에 따라서는 배치나 옷감 사용량이 달라질 수 있습니다.
  L사이즈, 2L사이즈에서 지정된 옷감 폭을 사용하지 않을 수도 있으니 반드시 확인하고 나서 옷감을 구입합니다.
* 만드는 법 그림에 있는 숫자의 단위는 cm입니다.

⟨이 책의 사이즈 표⟩

	S	M	L	LL
키	154	158	162	166
가슴둘레	83	87	91	95
허리둘레	63	67	71	75
엉덩이둘레	89	93	97	101

단위: cm

실물 크기 옷본 사용법

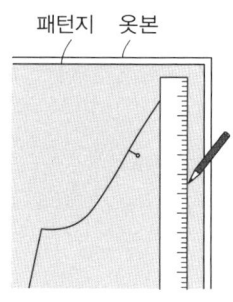

1
만들고 싶은 작품을 고른 뒤에 실물 크기 옷본 위에 패턴지 등 비치는 종이를 겹치고 연필이나 샤프펜슬로 선을 옮겨 그립니다. 각 부분의 이름, 맞춤 표시, 식서 방향 등의 기호도 잊지 말고 옮겨 적습니다.

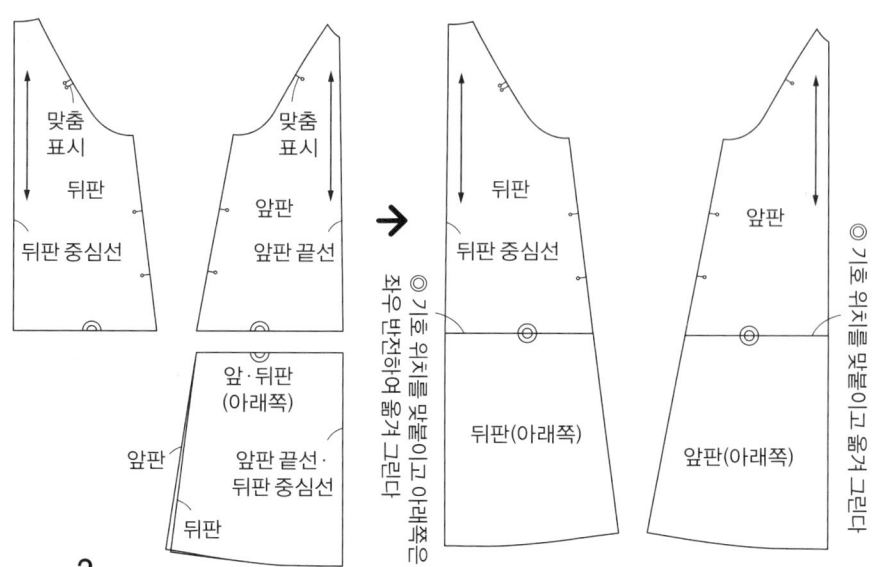

2
길이가 긴 부분은 옷본이 2장으로 나뉘어 있거나 밑단을 연장하라는 지시가 있습니다. 그림처럼 ◎ 기호 위치에서 옷본을 맞붙인 뒤 옮겨 그립니다. 위 그림의 앞·뒤판(아래쪽)처럼 같은 옷본 안에 옷본이 2장 들어 있는 것은 좌우 반전하여 옮겨 그리는 등 옷본 안의 지시대로 주의하여 그립니다.

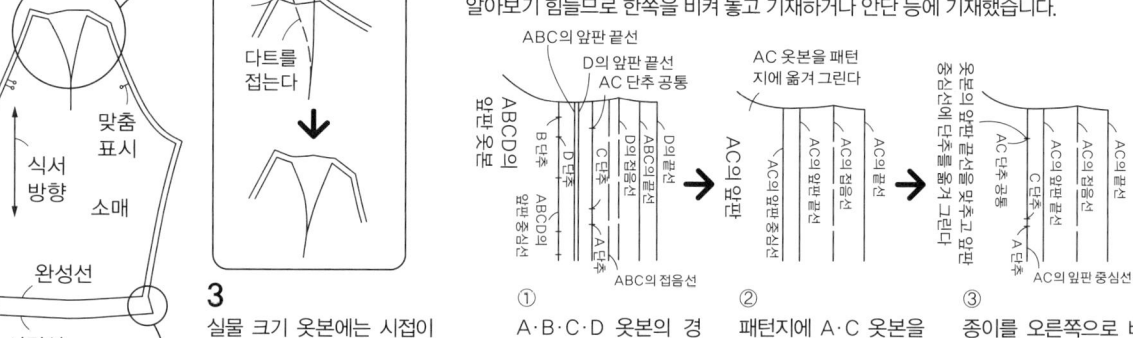

3
실물 크기 옷본에는 시접이 포함되어 있지 않습니다. 만드는 법 페이지의 마름질하는 법 그림을 참조하여 완성선에 평행이 되게 시접을 그립니다. 접박기, 소맷부리 등은 시접이 부족하지 않도록 그림처럼 시접을 둡니다.

단추 및 단춧구멍 위치를 옮겨 그릴 때 주의할 점

옷본 한 장에 여러 종류의 스타일이 들어 있을 때는 단추나 단춧구멍 위치가 겹쳐서 알아보기 힘들므로 한쪽을 비켜 놓고 기재하거나 안단 등에 기재했습니다.

① A·B·C·D 옷본의 경우, B·D는 패턴 그대로의 위치에 단추 위치가 있습니다. A·C는 단추 위치를 오른쪽으로 비켜 놓고 기재했습니다. 단춧구멍 위치는 들어가 있지 않습니다.

② 패턴지에 A·C 옷본을 옮겨 그립니다.

③ 종이를 오른쪽으로 비켜 놓고 앞판 중심선에 A·C의 단추 다는 위치를 옮겨 그립니다. 단춧구멍 위치는 P.35를 참조하여 만듭니다.

옷본 기호

↕	**식서 방향**	화살표 방향으로 옷감이 세로로 오게 놓는다
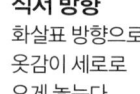	**골선**	이 선을 옷감의 접음선에 대서 좌우대칭이 되도록 만든다
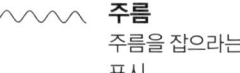	**주름**	주름을 잡으라는 표시
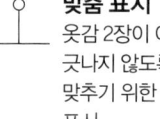	**접박기**	사선의 높은 쪽에서 낮은 쪽을 향해서 옷감을 접는다
⚲	**맞춤 표시**	옷감 2장이 어긋나지 않도록 맞추기 위한 표시

'골선'이 있는 옷본

'골선'은 반인 상태입니다. 옷감을 반으로 접어서 마름질하거나, '골선' 위치에서 좌우대칭으로 펼쳐지게 만들어서 마름질합니다.

표시하기

두꺼운 종이를 밑에 깔고 그 위에서 옷감 사이에 양면 초크 페이퍼를 끼운 뒤에 룰렛으로 완성선을 따라 굴려서 옷감 안쪽 면에 표시합니다.

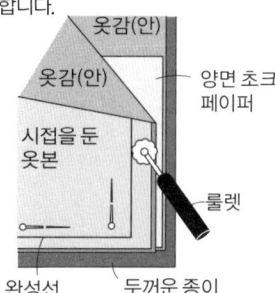

접착심지 붙이는 법

옷감에 접착심지를 붙이면 늘어나거나 모양이 흐트러지는 것을 막아 줍니다.

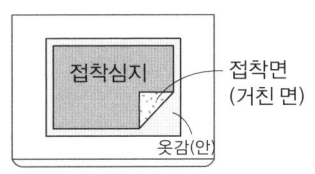 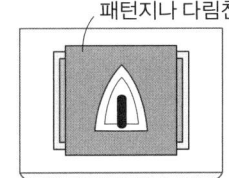 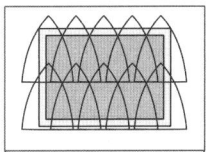

1
옷감 안쪽 면에 접착심지의 접착면이 닿게 놓습니다.

2
패턴지 등 얇은 종이나 다림천을 덮고 다리미(중온 140~160℃, 스팀 없이)로 누릅니다.

3
다리미는 옆으로 밀지 말고 체중을 실어서 위에서 눌러 줍니다. 틈이 생기지 않도록 조금씩 움직이며 약 10초씩 누릅니다.

천 루프 만드는 법

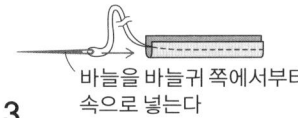 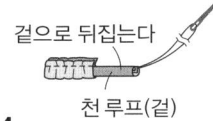 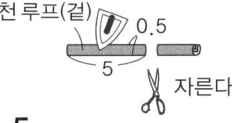

1
천 루프를 겉끼리 닿게 반으로 접어서 박습니다. 한쪽 창구멍을 조금 넓게 박아 줍니다.

2
시접을 0.2cm로 가지런히 자릅니다. 바늘에 실을 꿰어, 실 2겹으로 루프 끝을 한 땀 꿰맵니다.

3
바늘을 바늘귀 쪽에서부터 천 루프 속으로 넣습니다.

4
바늘을 당겨서 천 루프를 겉으로 뒤집습니다.

5
다려서 모양을 정리한 뒤에 필요한 치수로 자릅니다.

쌈솔

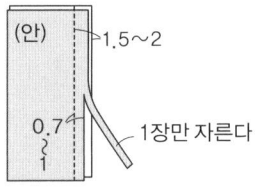 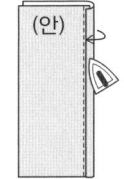 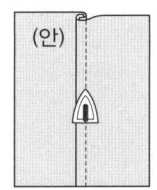 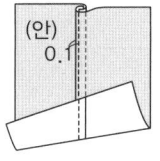

1
옷감을 겉끼리 맞대고 박습니다. 시접을 넘기는 쪽의 시접을 0.7~1cm로 자릅니다.

2
넓은 쪽 시접으로 좁은 쪽 시접을 싸고 다려서 접습니다.

3
2의 시접을 1에서 자른 쪽으로 넘기고 다려서 모양을 정리합니다.

4
2의 접음선 바로 옆을 박습니다.

바이어스감 만드는 법

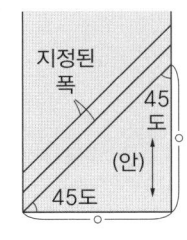 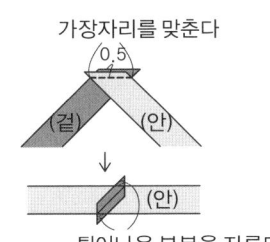

1
옷감을 45도 각도로 테이프 모양으로 자릅니다. 길이는 바이어스감을 다는 치수+2~3cm. 필요한 길이를 1장에서 다 자를 수 없을 때는 이어서 만듭니다.

2
바이어스감을 이을 때는 겉끼리 맞대어서 박은 뒤에 시접을 벌립니다. 튀어나온 시접은 잘라 줍니다.

싸개단추 만드는 법

전용 도구가 필요하므로 시판 키트로 만들거나 원하는 단추를 사용합니다.

단춧구멍 만드는 법

단춧구멍 치수는 '단추 지름+단추 두께'입니다. 가로 단춧구멍 위치는 중심선의 단추 다는 위치에서 0.2~0.3cm 앞판 끝선 쪽에서 만듭니다. 세로 단춧구멍 위치는 단추 다는 위치를 중심으로 하여 만듭니다.

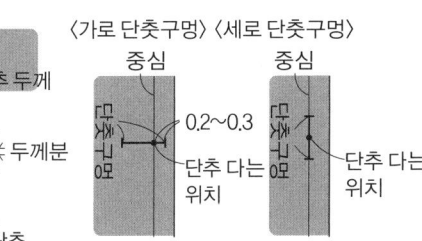

A 러플 칼라 블라우스

Photo / P.06, P.21, P.22 실물 크기 옷본 A 면

부드러운 감촉의 리넨으로 만든 흰색 블라우스. 옷감을 접어서 만드는 러플 칼라는 고상한 분위기를 냅니다. 아이보리 자투리 천으로 만든 싸개단추를 달아서, 시대를 넘은 오래된 옷 같은 분위기를 주었습니다. 자개단추를 달면 청초한 느낌이 든답니다.

[재료] ※ 왼쪽에서부터 S / M / L / 2L사이즈
겉감(리넨 론, 흰색)
112cm 폭×2m 40cm / 2m 40cm / 2m 50cm /2m 50cm
접착심지 90cm 폭×50cm, 지름 1.1cm 싸개단추 9개

[완성 치수] ※ 왼쪽에서부터 S/M/L/2L사이즈
가슴둘레 120 / 124 / 128 / 132cm,
전체 길이 64 / 65 / 66 / 67cm,
소매 길이 48.5 / 49.5 / 50.5 / 51.5cm

[만드는 순서] 준비 : 겉받침깃, 안받침깃, 커프스에 접착심지를 붙인다.

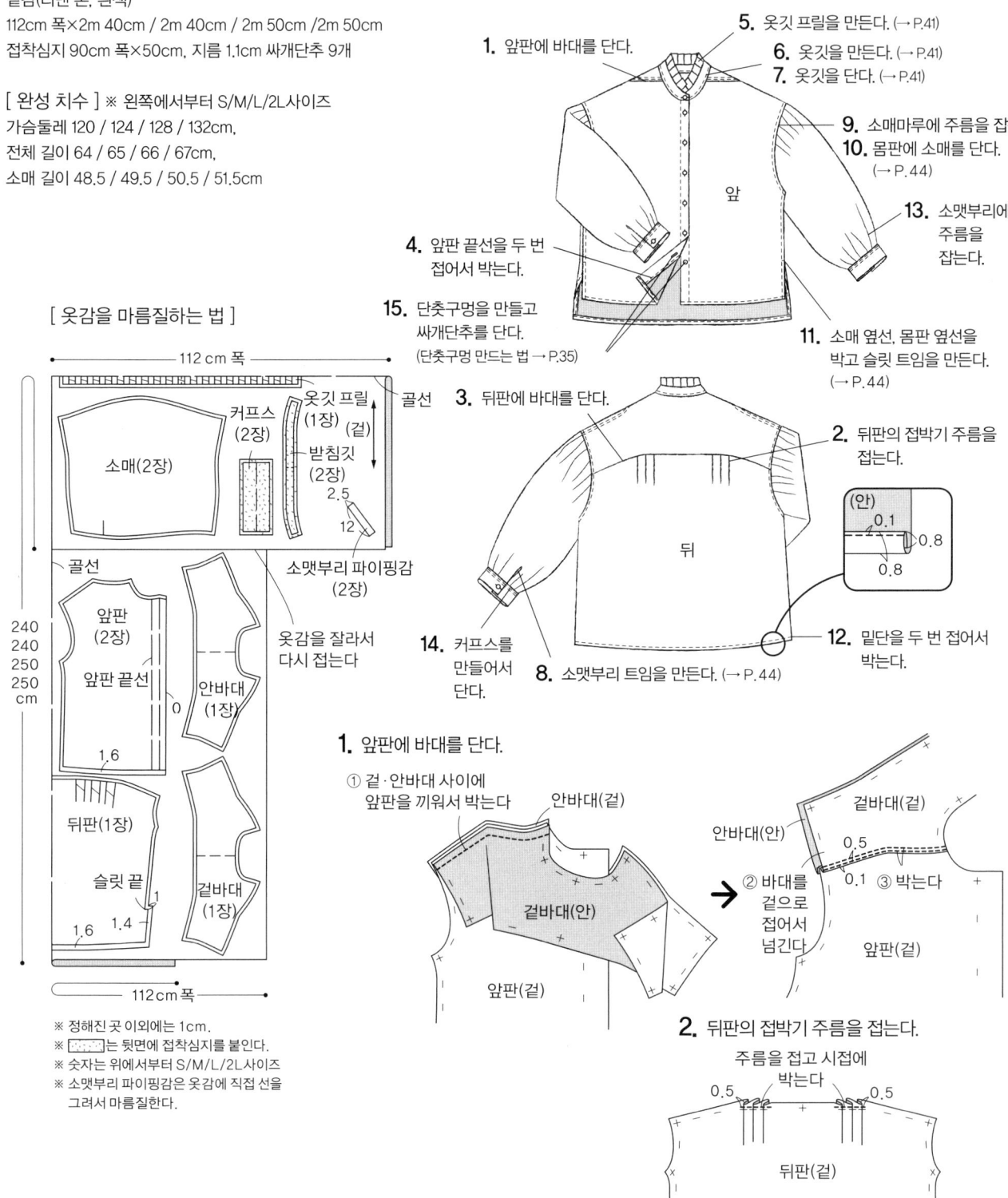

※ 정해진 곳 이외에는 1cm.
※ ▨는 뒷면에 접착심지를 붙인다.
※ 숫자는 위에서부터 S/M/L/2L사이즈
※ 소맷부리 파이핑감은 옷감에 직접 선을 그려서 마름질한다.

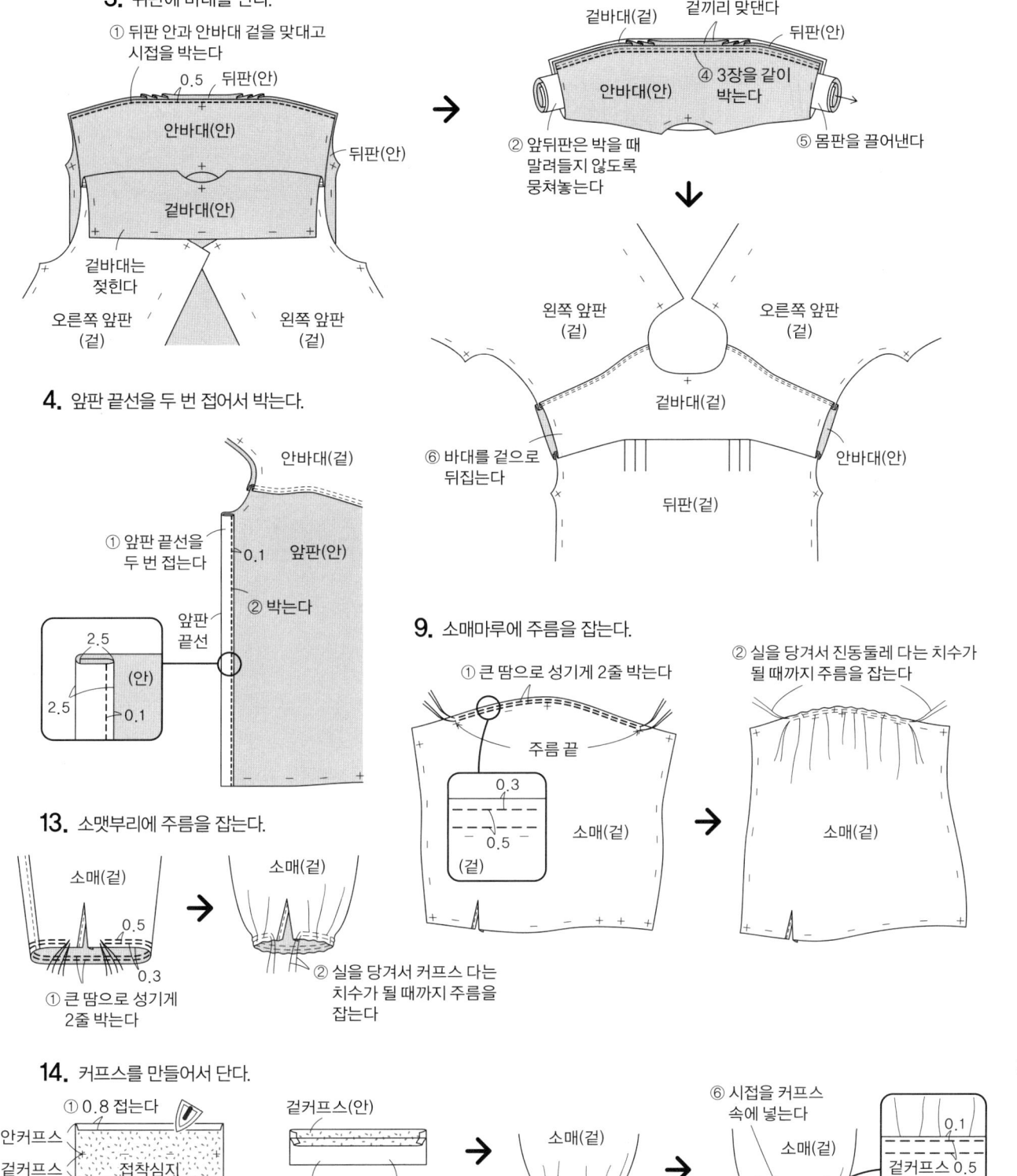

B 프릴 칼라 블라우스

Photo / P.10, P.31   실물 크기 옷본 A, C 면

촉감이 좋은 벨기에 리넨으로 만든 프릴 칼라 블라우스. 프릴의 존재감이 커서 옷깃 이외에는 심플하게 만들었습니다. 지나치게 여성스럽지 않도록 차분한 색을 사용하고, 소맷부리는 접어서 처리했습니다. 옷깃 색깔을 검정 등으로 바꿔도 예쁘답니다.

[재료]
겉감(벨기에 리넨 론 천연 염색, 민무늬 애시그레이)
112cm 폭×1m 60cm
접착심지 90cm 폭×60cm
지름 1.1cm 단추 10개

[완성 치수] ※ 왼쪽에서부터 S/M/L/2L사이즈
가슴둘레 105 / 109 / 113 / 117cm
전체 길이 61 / 62 / 63 / 64

[만드는 순서]
준비 : 커프스에 접착심지를 붙인다.

1. 어깨선을 박는다.
2. 옷깃을 만든다.
3. 옷깃을 단다.
4. 옆선을 박고 슬릿 트임을 만든다.
5. 밑단을 두 번 접어서 박는다.
6. 커프스를 만든다.
7. 커프스를 단다.
8. 단춧구멍을 만들고 단추를 단다. (단춧구멍 만드는 법 → P.35)

[옷감을 마름질하는 법]

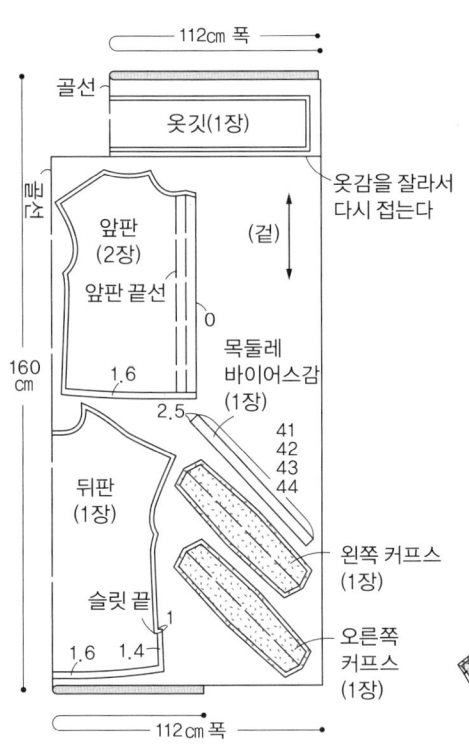

※ 정해진곳 이외에는 1cm.
※ ▨▨는 뒷면에 접착심지를 붙인다.
※ 숫자는 위에서부터 S/M/L/2L사이즈
※ 목둘레 바이어스감은 옷감에 직접 선을 그려서 마름질한다.

1. 어깨선을 박는다.

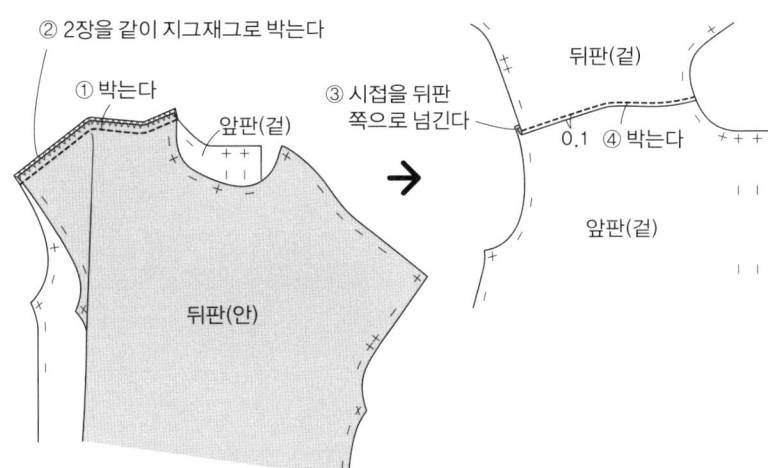

① 박는다
② 2장을 같이 지그재그로 박는다
③ 시접을 뒤판 쪽으로 넘긴다
④ 박는다

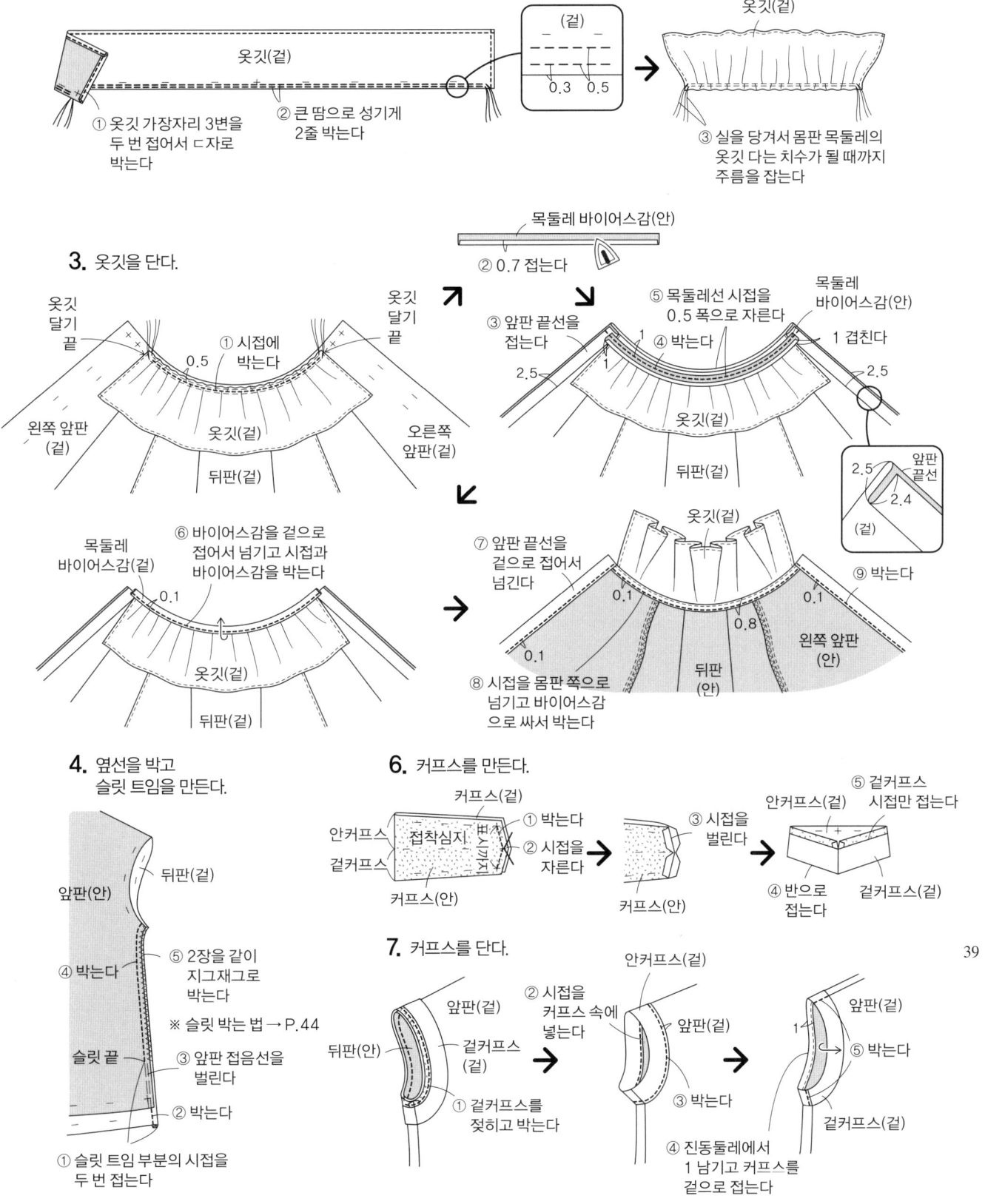

C 줄무늬 클래식 블라우스

Photo / P.12, P.30   실물 크기 옷본 A면

러플 칼라 블라우스를 반소매로 바꾸고 줄무늬 코튼 리넨으로 만든 블라우스.
가슴에 주머니를 하나 달았을 뿐인데 차분하고 지적인 분위기의 블라우스가 되
었습니다. 팬츠를 받쳐 입어도 잘 어울립니다.

[재료]
겉감(코튼 리넨 선염 워싱 가공, 런던 스트라이프
무염색에 남색)
108cm 폭×2m 10cm
배색감(시팅) 40cm×70cm
접착심지 90cm 폭×50cm
지름 1.2cm 단추 8개

[완성 치수] ※ 왼쪽에서부터 S/M/L/2L사이즈
가슴둘레 120 / 124 / 128 / 132cm
전체 길이 64 / 65 / 66 / 67cm
소매 길이 12 / 13 / 14 / 15cm

[만드는 순서] 준비 : 겉받침깃, 안받침깃, 소맷부리 안단에 접착심지를 붙인다.
마름질하여 주머니 가장자리를 지그재그로 박는다.

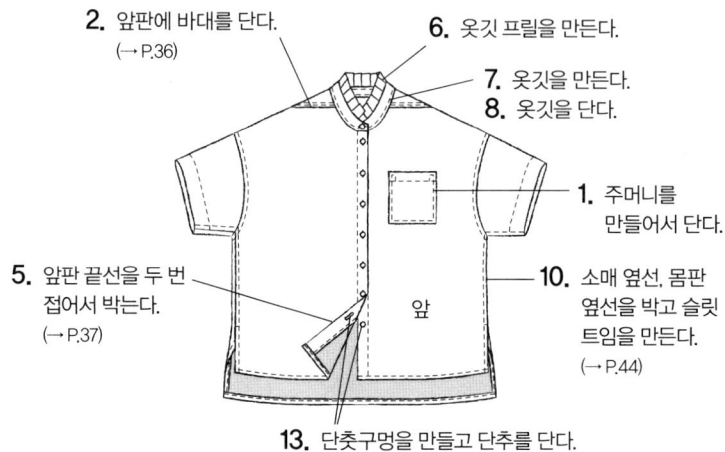

[옷감을 마름질하는 법]

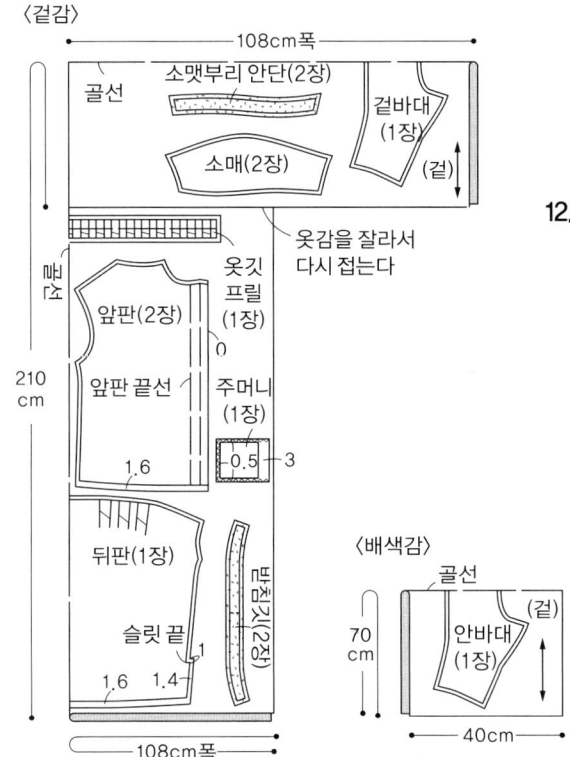

※ 정해진 곳 이외에는 1cm.
※ ▨ 는 뒷면에 접착심지를 붙인다.
※ ⋁⋁⋁ 는 가장자리를 지그재그로 박는다.

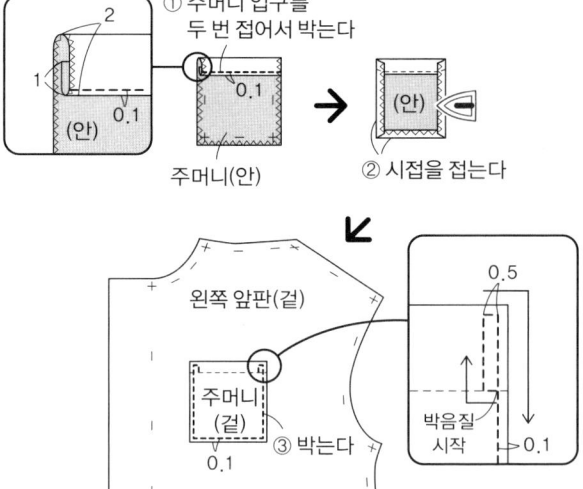

6. 옷깃 프릴을 만든다.

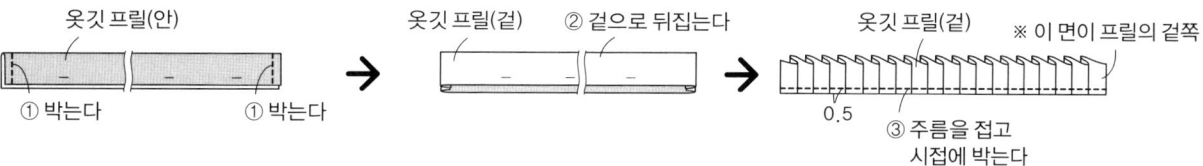

7. 옷깃을 만든다.

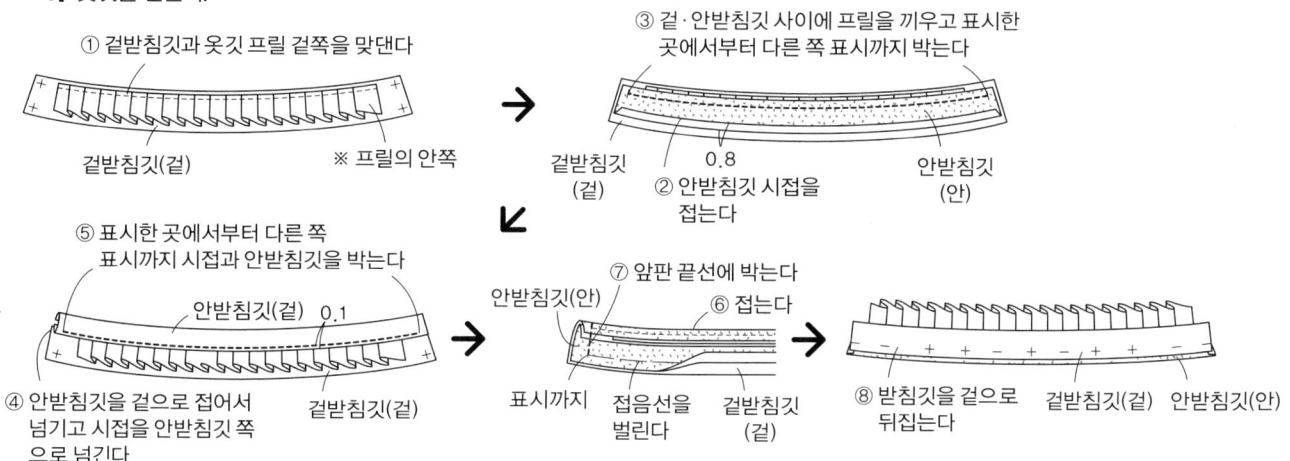

8. 옷깃을 단다.

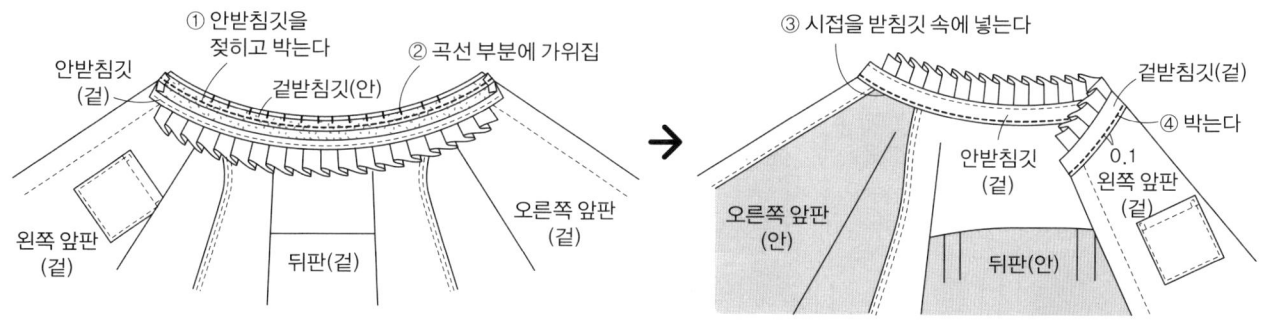

12. 소맷부리 안단을 만들어서 단다.

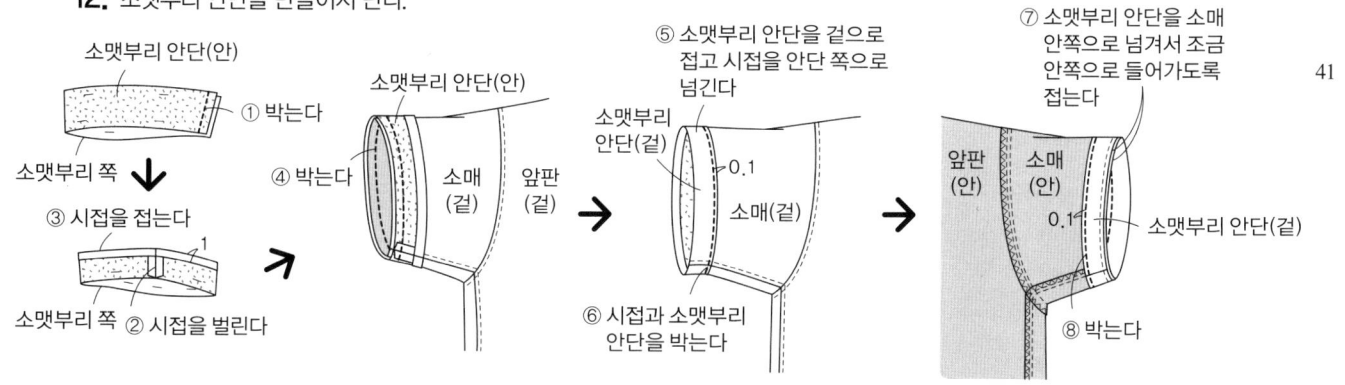

D 스퀘어 칼라 원피스

Photo / P.13, P.29　　실물 크기 옷본 A 면

여학생 교복 같은 큼직한 흰색 스퀘어 칼라. 옛 생각이 나는 셔츠 원피스를 남색 줄무늬 옷감으로 만들었습니다. 자칫 너무 어린 느낌이 들지 않도록 몸통은 넉넉하게 하고 길이를 길게 하여 편안한 실루엣으로 마무리했습니다. 칼라 없는 코트 위로 칼라만 꺼내어 입는 등 겹쳐 입기 코디로도 즐길 수 있는 옷입니다. 작품 B나 C를 참고하여 소매 길이를 변형해도 좋아요.

[재료] ※ 왼쪽에서부터 S / M / L / 2L 사이즈
겉감(선염 코튼 리넨, 줄무늬 남색)
108cm 폭×3m 40cm / 3m 40cm / 3m 50cm / 3m 50cm
배색감 A(리넨 워싱, 흰색) 112cm 폭×70cm / 70cm / 80cm / 80cm
배색감(시팅) B 90cm 폭×30cm
접착심지 90cm 폭×60cm
지름 1.1cm 단추 12개

[완성 치수] ※ 왼쪽에서부터 S/M/L/2L 사이즈
가슴둘레 123 / 127 / 131 / 135cm
전체 길이 112 / 113.5 / 115 / 116.5cm
소매 길이 45 / 46 / 47 / 48cm

[만드는 순서]
준비 : 주머니 입구, 겉깃, 겉받침깃, 안받침깃, 커프스에 접착심지를 붙인다. 마름질하여 주머니 가장자리를 지그재그로 박는다.

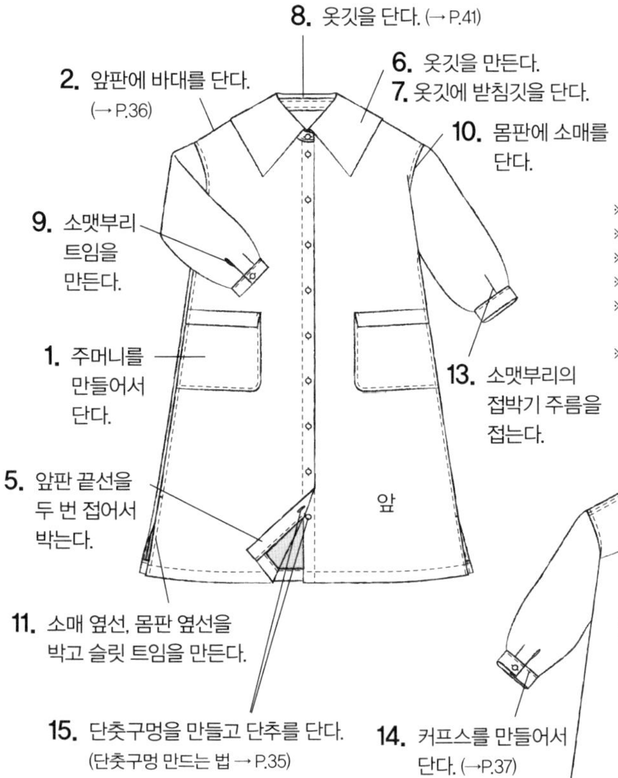

1. 주머니를 만들어서 단다.
2. 앞판에 바대를 단다. (→P.36)
3. 뒤판의 접박기 주름을 접는다. (→P.36)
4. 뒤판에 바대를 단다. (→P.37)
5. 앞판 끝선을 두 번 접어서 박는다.
6. 옷깃을 만든다.
7. 옷깃에 받침깃을 단다.
8. 옷깃을 단다. (→P.41)
9. 소맷부리 트임을 만든다.
10. 몸판에 소매를 단다.
11. 소매 옆선, 몸판 옆선을 박고 슬릿 트임을 만든다.
12. 밑단을 두 번 접어서 박는다.
13. 소맷부리의 접박기 주름을 접는다.
14. 커프스를 만들어서 단다. (→P.37)
15. 단춧구멍을 만들고 단추를 단다. (단춧구멍 만드는 법 →P.35)

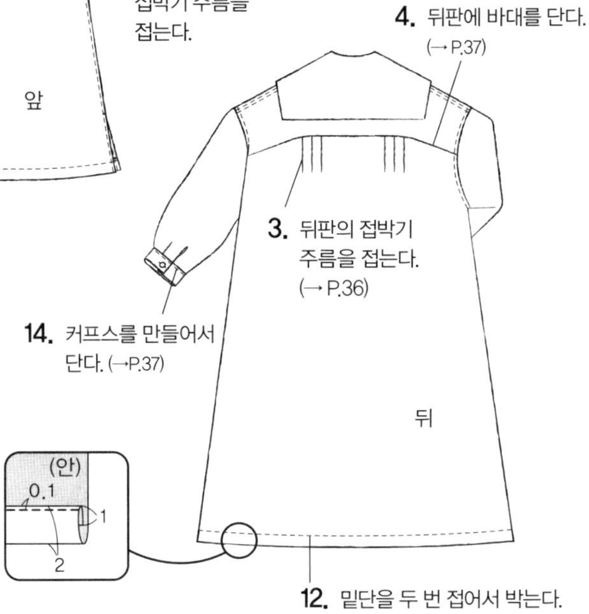

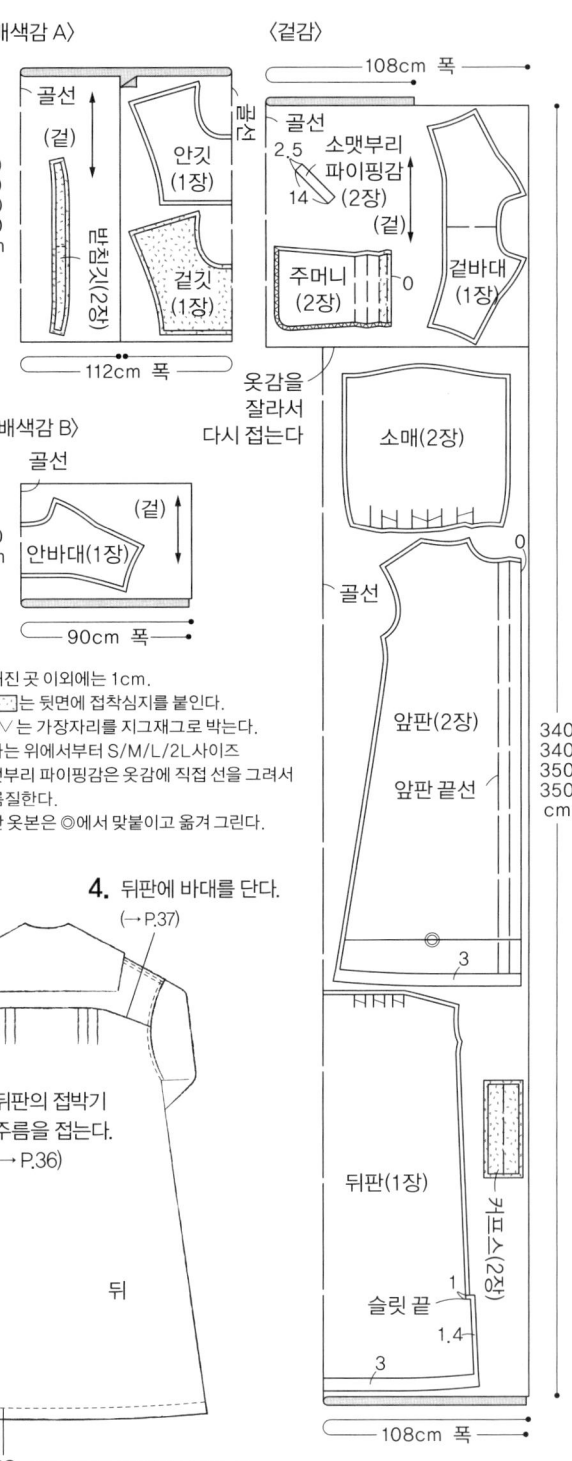

[옷감을 마름질하는 법]

※ 정해진 곳 이외에는 1cm.
※ ▨▨는 뒷면에 접착심지를 붙인다.
※ ∨∨∨는 가장자리를 지그재그로 박는다.
※ 숫자는 위에서부터 S/M/L/2L 사이즈
※ 소맷부리 파이핑감은 옷감에 직접 선을 그려서 마름질한다.
※ 앞판 옷본은 ◎에서 맞붙이고 옮겨 그린다.

42

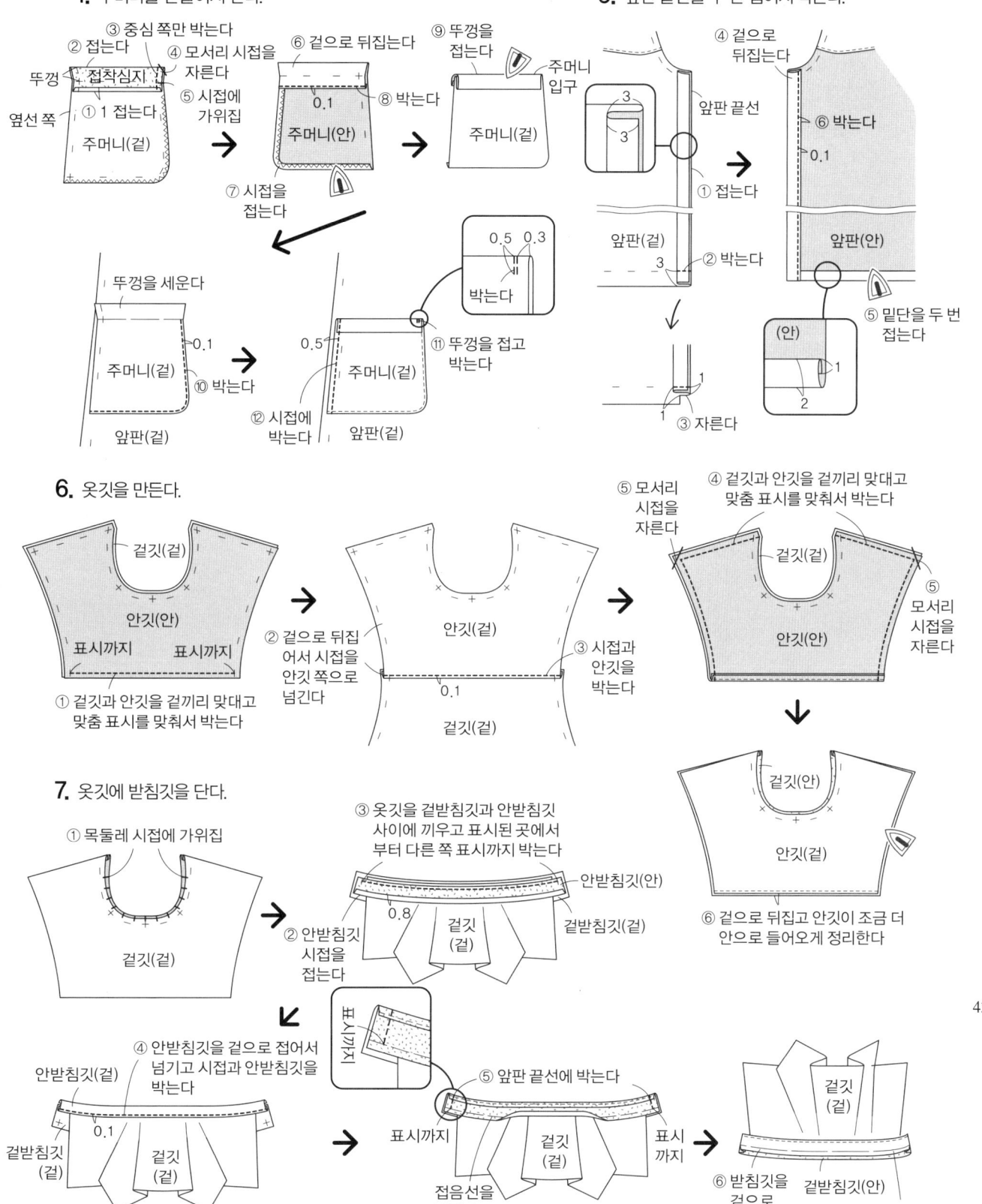

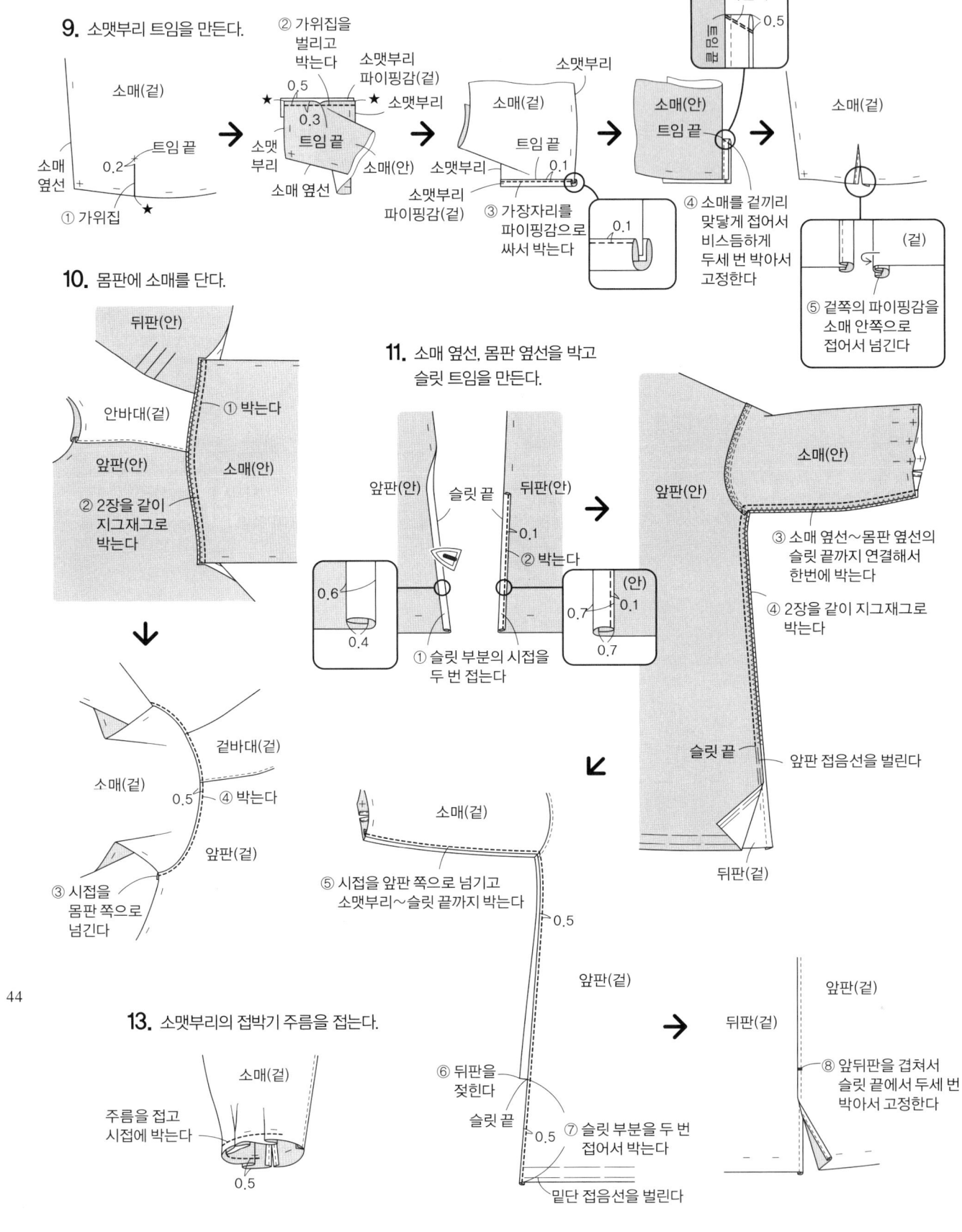

E 뒷단추 돌먼 개더 풀오버

Photo / P.17, P.19 실물 크기 옷본 C 면

부드러운 색감의 리버티 옷감으로 만든 풀오버. 옷깃과 커프스는 회색 리넨으로 마무리하고 뒤쪽 옷깃에는 파란색 싸개단추를 달았습니다. 흑백 깅엄체크로 만들어도 귀여운 느낌의 옷이 됩니다.

[재료] ※ 왼쪽에서부터 S / M / L / 2L사이즈
겉감(리버티 옷감 로든 우드 타나 론)
108cm 폭×1m 80cm / 1m 80cm / 1m 80cm / 1m 90cm
※ L, 2L사이즈는 114cm 폭이 필요합니다
배색감(리넨, 회색) 90cm 폭×30cm
접착심지 90cm 폭×40cm
지름 1.5cm 싸개단추 1개 | 지름 0.9cm 단추 5개

[완성 치수] ※ 왼쪽에서부터 S/M/L/2L사이즈
가슴둘레 99 / 103 / 107 / 111cm
전체 길이 63.5 / 64.5 / 65.5 / 66.5cm
소매 길이 45 / 46.5 / 48 / 49.5cm

※ 정해진 곳 이외에는 1cm.
※ 는 뒷면에 접착심지를 붙인다.
※ 숫자는 위에서부터 S/M/L/2L사이즈
※ 겉감의 L, 2L사이즈는 114cm 폭 이상인 옷감을 사용한다.

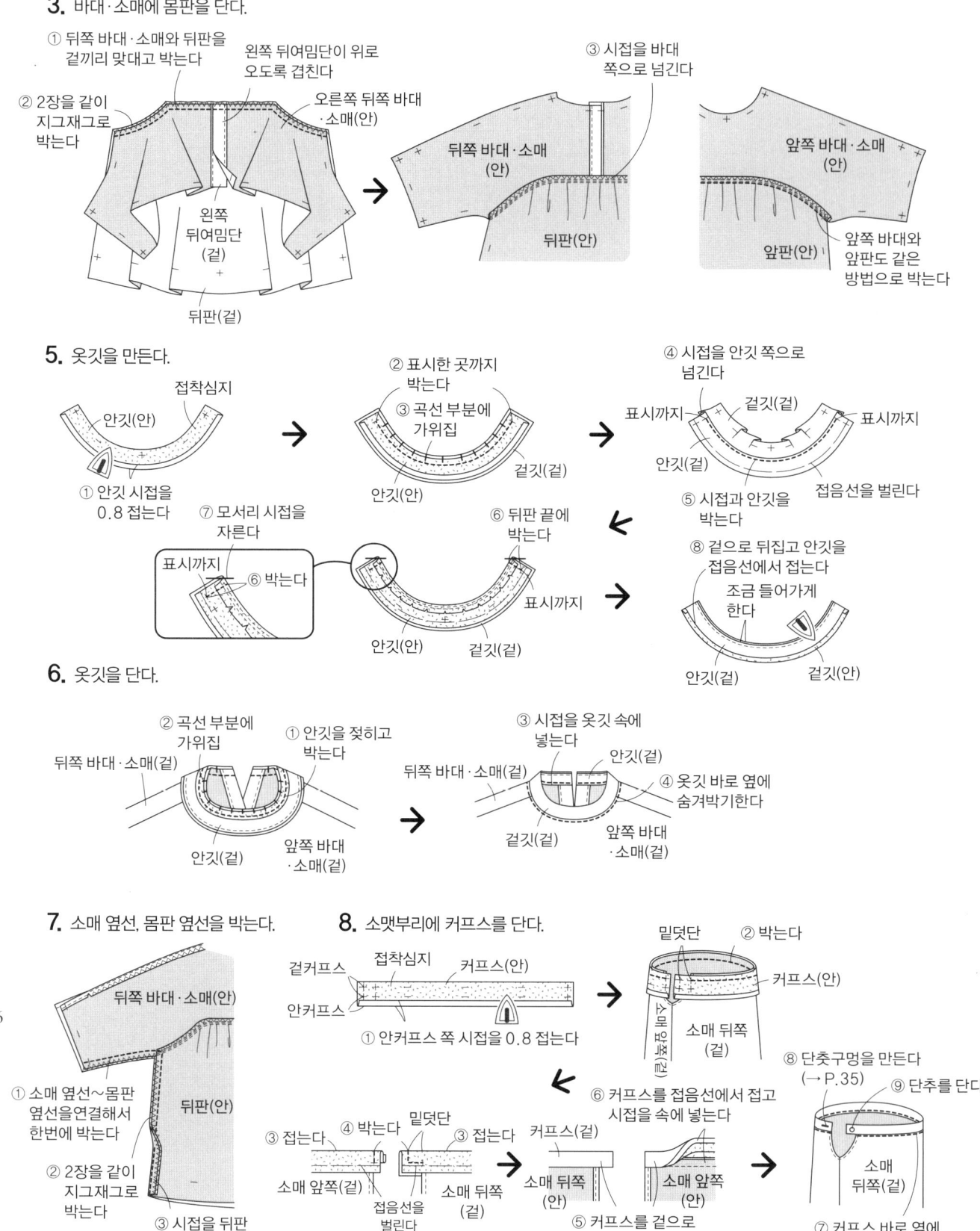

F 하이웨이스트 접박기 원피스

Photo / P.14, P.32 실물 크기 옷본 C 면

실크 같은 질감에 둥근 자수 무늬가 귀여운 코튼으로 만든 원피스. 목둘레 파이핑을 블랙 컬러로 배색하면 전체를 정리해 주는 느낌이 듭니다. 사이즈가 넉넉해서 착용감도 편안합니다. 길이를 줄여서 튜닉으로 만들어도 좋아요.

[재료] ※ 왼쪽에서부터 S / M / L / 2L사이즈
겉감(브로드클로스에 비눗방울 자수, 머시룸) 110cm 폭×3m 50cm / 3m 50cm / 3m 60cm / 3m 70cm
배색감(코튼 론, 블랙) 65cm×60cm
접착심지 90cm 폭×40cm
1.5cm 폭 늘어남 방지 접착테이프 40cm
지름 1cm 단추 1개

[완성 치수] ※ 왼쪽에서부터 S / M / L / 2L사이즈
가슴둘레 98.5 / 102.5 / 106.5 / 110.5cm
전체 길이 112.5 / 114 / 115.5 / 117cm
소매 길이 34.5 / 35.5 / 36.5 / 37.5cm

[만드는 순서] 준비 : 앞쪽 안단, 뒤쪽 안단, 소맷부리 안단에 접착심지를 붙인다.

1. 어깨선을 박는다.
2. 안단을 만든다.
3. 바대에 바이어스감을 단다.
4. 천 루프를 만들어서 단다. (천 루프 만드는 법 → P.35)
5. 바대에 안단을 달고 앞판 끝선, 목둘레선을 박는다.
6. 주머니를 만든다.
7. 몸판의 접박기 주름을 접는다.
8. 바대·소매에 몸판을 단다.
9. 소매 옆선, 몸판 옆선을 박는다.
10. 밑단을 두 번 접어서 박는다.
11. 소맷부리 안단을 만들어서 단다. (→ P.41)
12. 단추를 단다.

[옷감을 마름질하는 법]

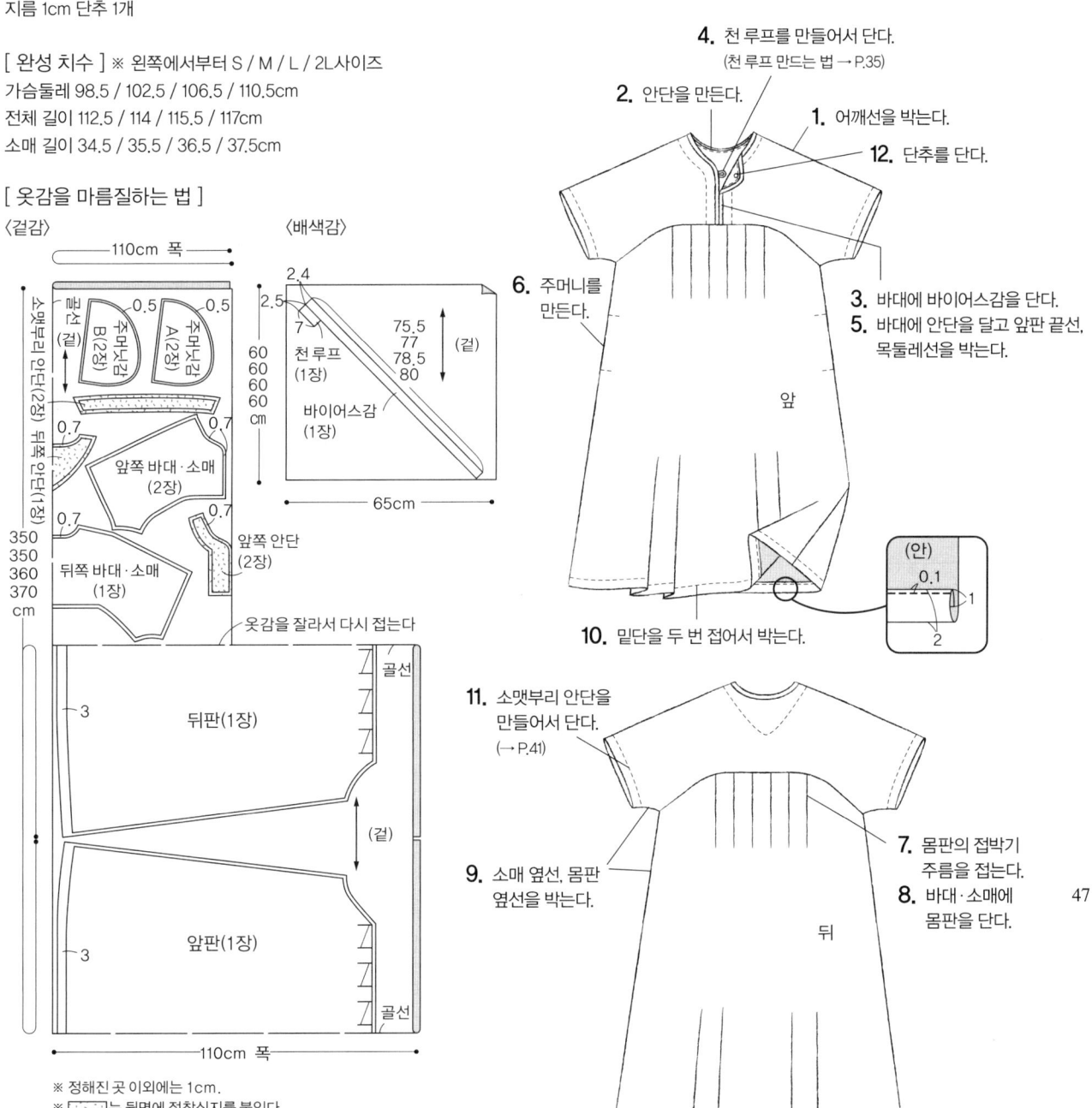

※ 정해진 곳 이외에는 1cm.
※ 는 뒷면에 접착심지를 붙인다.
※ 숫자는 위에서부터 S/M/L/2L사이즈
※ 바이어스감, 천 루프는 옷감에 직접 선을 그려서 마름질한다.

1. 어깨선을 박는다.

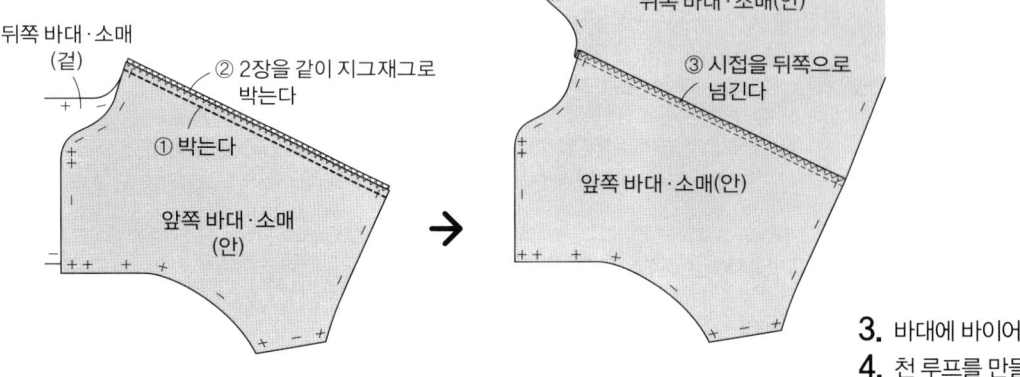

3. 바대에 바이어스감을 단다.
4. 천 루프를 만들어서 단다.
(천 루프 만드는 법 → P.35)

2. 안단을 만든다.

5. 바대에 안단을 달고 앞판 끝선, 목둘레선을 박는다.

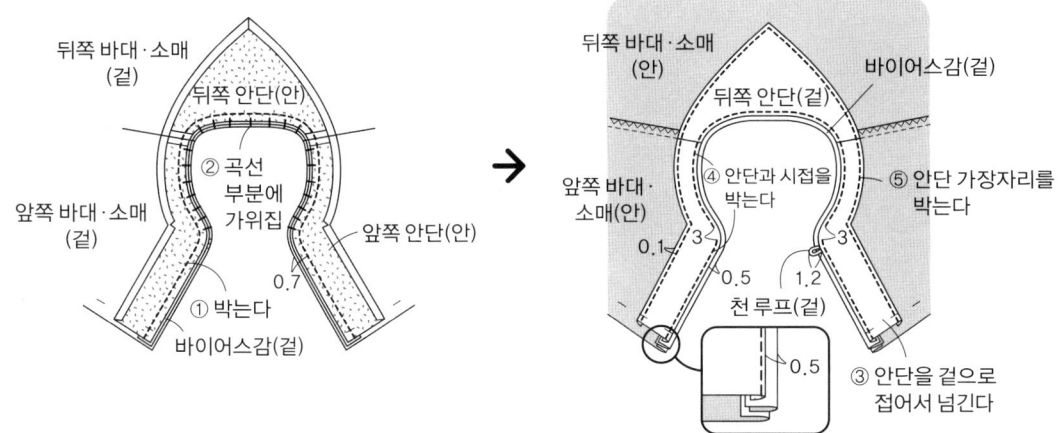

6. 주머니를 만든다.

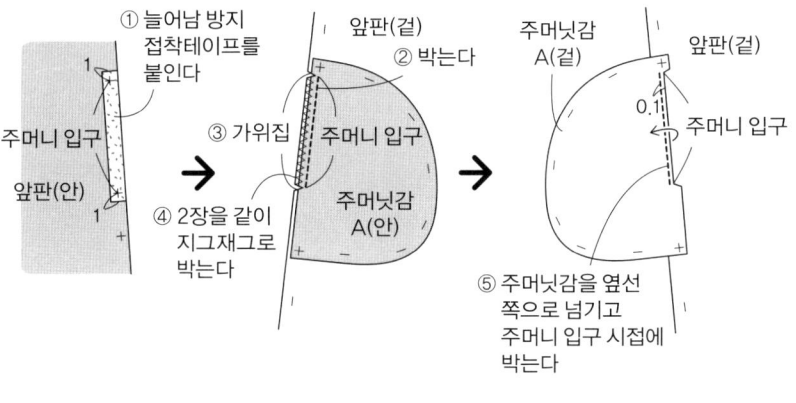

7. 몸판의 접박기 주름을 접는다.

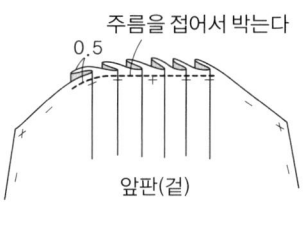

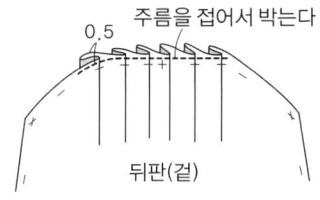

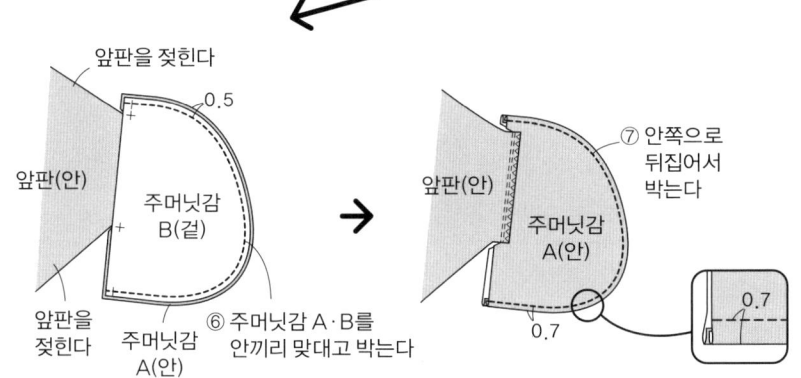

8. 바대·소매에 몸판을 단다.

9. 소매 옆선, 몸판 옆선을 박는다.

12. 단추를 단다.

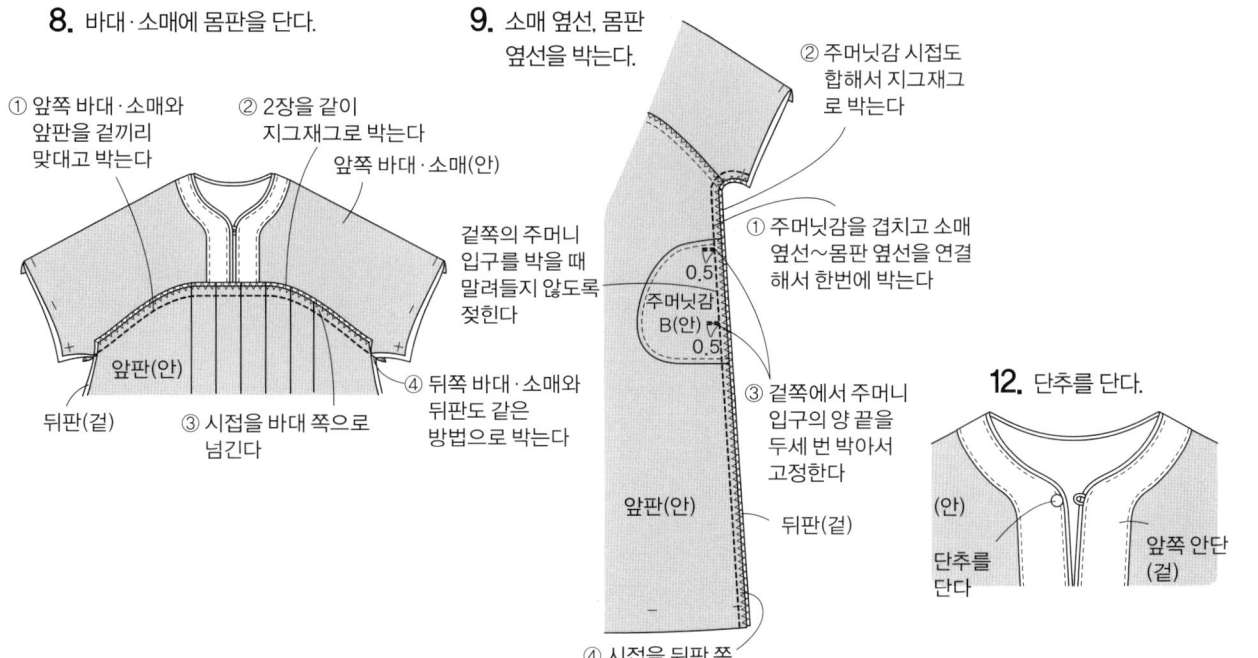

G 래글런 소매 더블 버튼 재킷

Photo / P.24   실물 크기 옷본 D면

부드러운 벨기에 리넨으로 만든 재킷. 얇은 감으로 만들면 살짝 걸치기 좋은 카디건처럼 입을 수 있습니다. 24페이지 사진처럼 작품 K 스커트와 코디해도 좋고, 같은 소재로 스커트를 만들어서 세트로 입으면 격식을 갖춘 옷차림이 됩니다.

[재료] ※ 왼쪽에서부터 S / M / L / 2L사이즈
겉감(벨기에 리넨, 블랙)
118cm 폭×1m 70cm / 1m 80cm / 1m 80cm / 1m 90cm
접착심지 90cm 폭×60cm
지름 1cm 단추 14개 / 지름 1.3cm 안단추 1개

[완성 치수] ※ 왼쪽에서부터 S / M / L / 2L사이즈
가슴둘레 95 / 99 / 103 / 107cm
전체 길이 54.5 / 55.5 / 56.5 / 57.5cm
소매 길이 61 / 62.5 / 64 / 65.5cm

[옷감을 마름질하는 법]

※ 정해진 곳 이외에는 1cm.
※ ▨는 뒷면에 접착심지를 붙인다.
※ 숫자는 위에서부터 S/M/L/2L사이즈

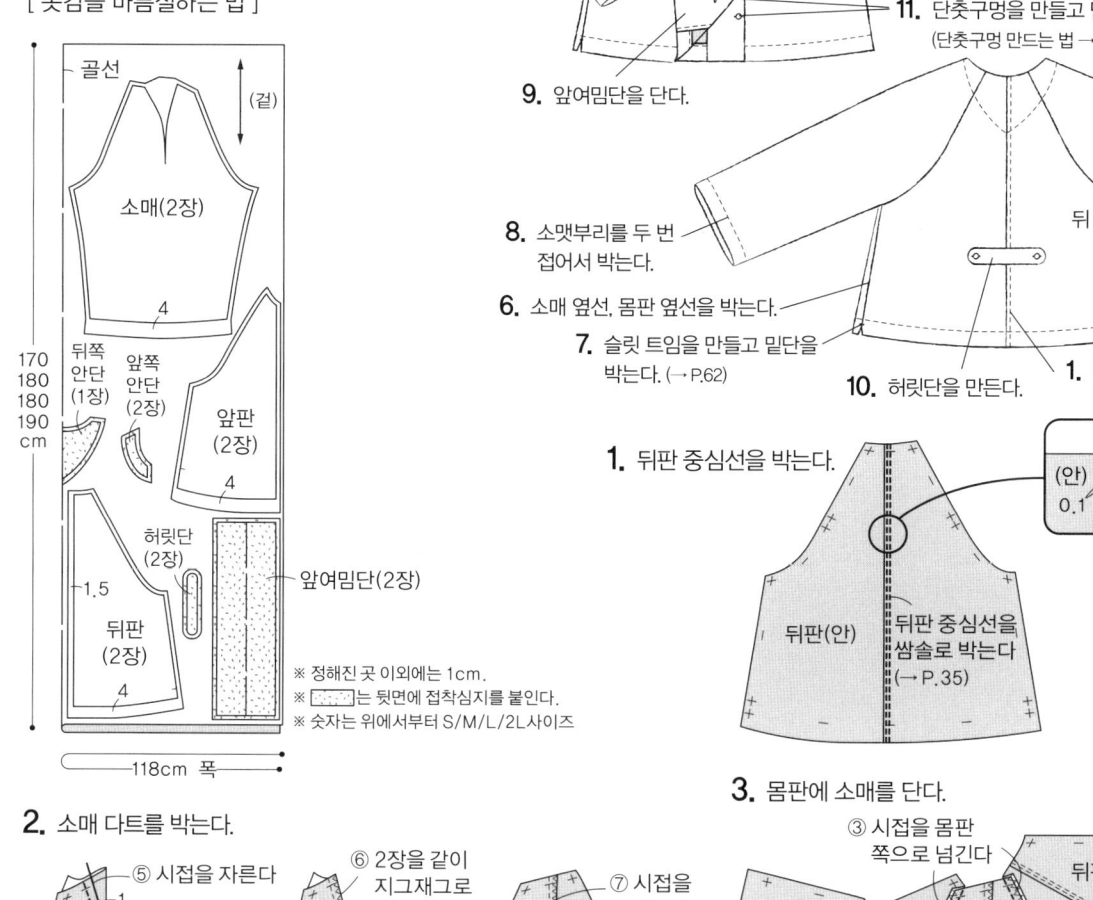

4. 안단을 만든다.

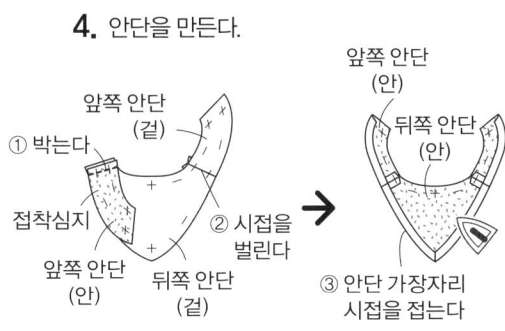

5. 안단을 단다.

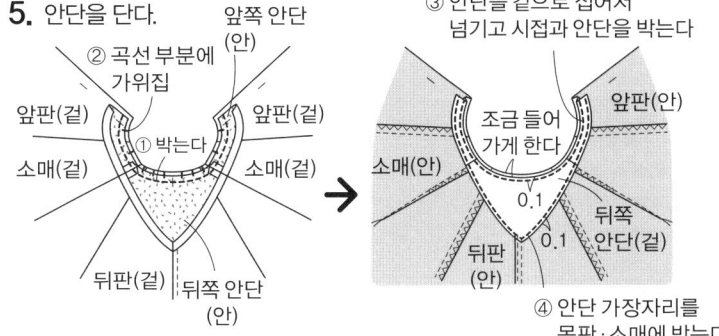

6. 소매 옆선, 몸판 옆선을 박는다.

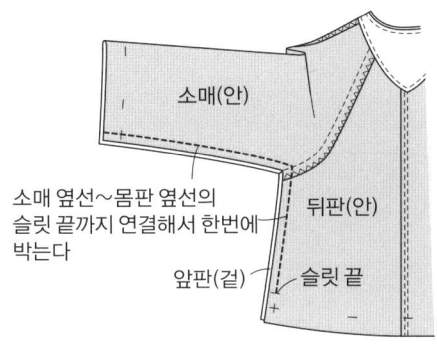

8. 소맷부리를 두 번 접어서 박는다.

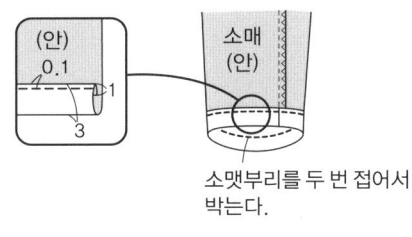

9. 앞여밈단을 단다.

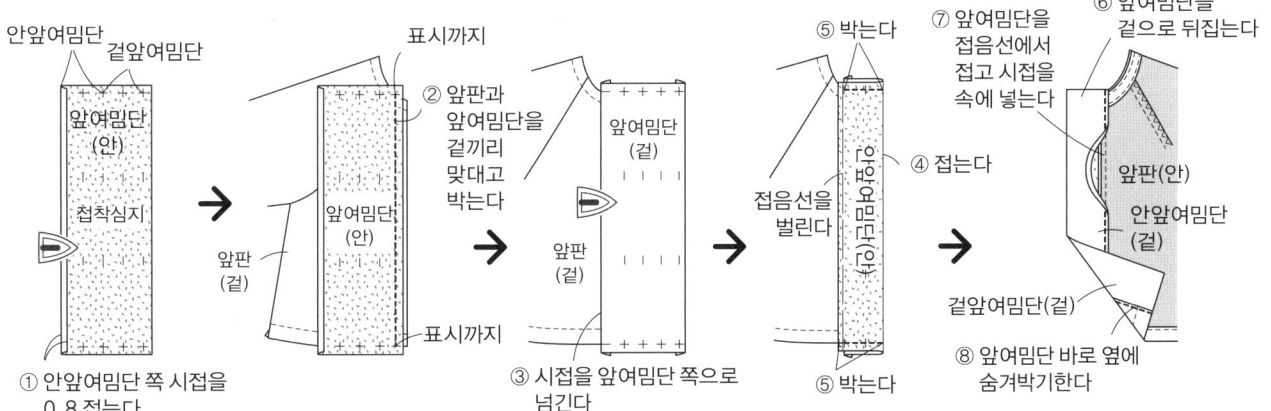

10. 허릿단을 만든다.

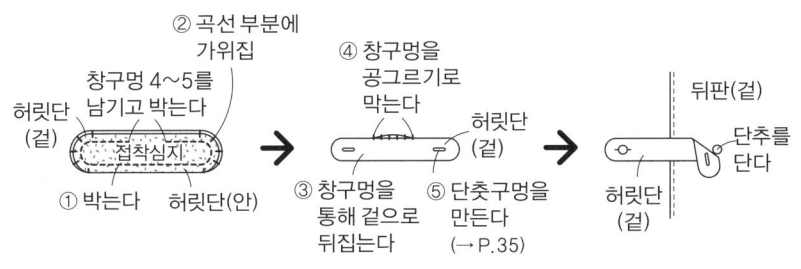

11. 단춧구멍을 만들고 단추를 단다.
(단춧구멍 만드는 법 → P.35)

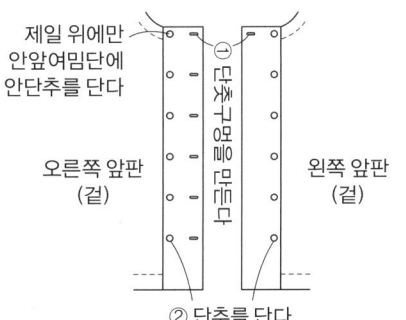

H 래글런 소매 더블 버튼 배색 원피스

Photo / P.25　[실물 크기 옷본 D 면]

연보라와 연베이지 리넨으로 만든 더블 버튼 원피스. 이것저것 조합해 보는 것도 즐거운 작업이지요. 몸판을 울이나 레이스 옷감으로 만들어도 색다른 느낌의 옷이 된답니다. 자신만의 특별한 옷을 만들어 보세요.

[재료] ※ 왼쪽에서부터 S / M / L / 2L사이즈
겉감(프렌치 리넨 오버다이드 워싱, 프렌치라벤더)
112cm 폭×3m / 3m 10cm / 3m 20cm / 3m 30cm
배색감(리넨, 무염색) 40cm×1m 20cm
접착심지 90cm 폭×1m 20cm │ 1.5cm 폭 늘어남 방지 접착테이프 40cm
지름 1.2cm 싸개단추 20개 │ 지름 1.3cm 안단추 1개

[완성 치수] ※ 왼쪽에서부터 S / M / L / 2L사이즈
가슴둘레 103.5 / 107.5 / 111.5 / 115.5cm
전체 길이 114 / 115.5 / 117 / 118.5cm
소매 길이 69 / 70.5 / 72 / 73.5cm

[만드는 순서] 준비 : 앞여밈단, 앞쪽 안단, 뒤쪽 안단, 겉커프스에 접착심지를 붙인다.

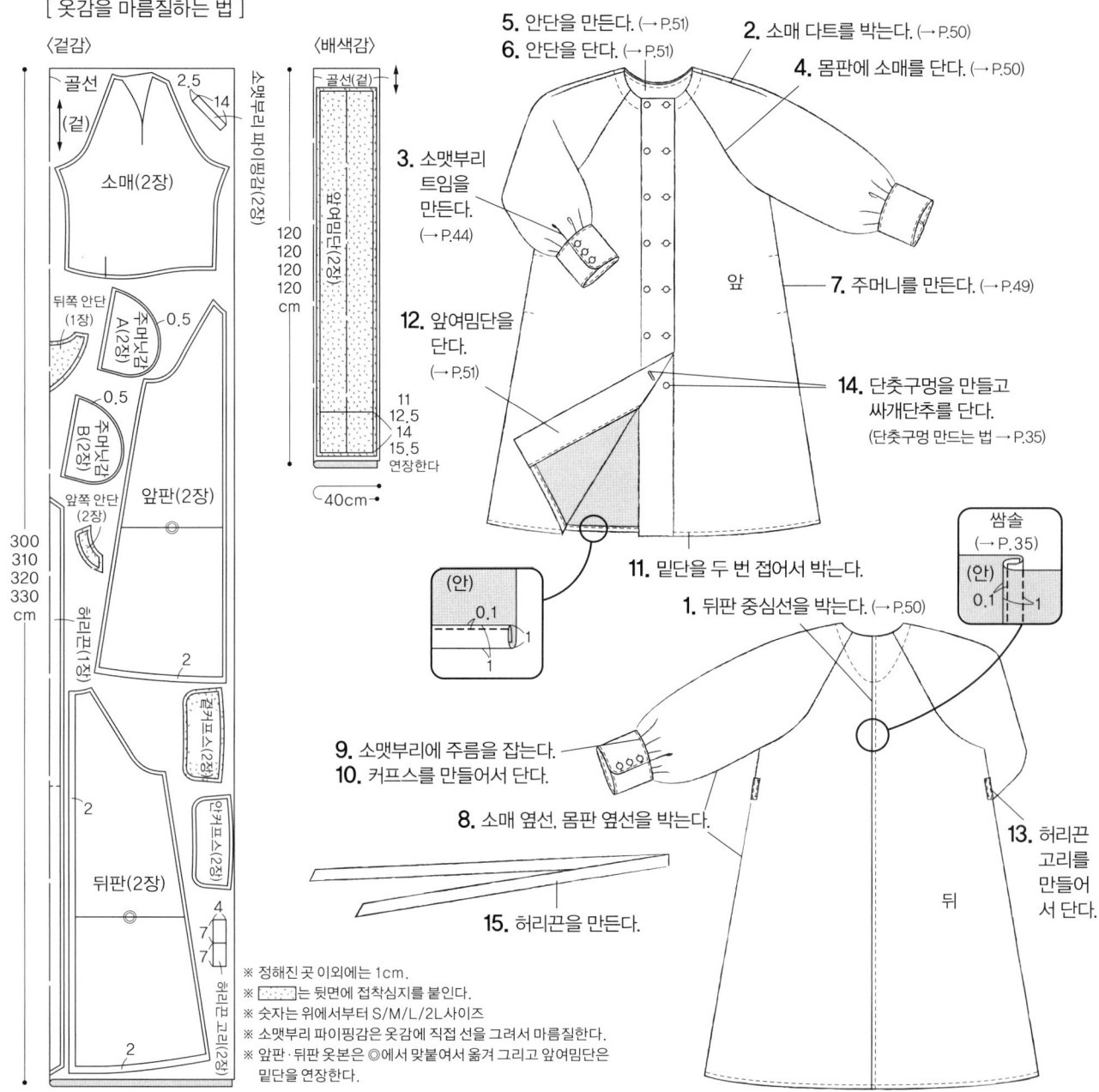

8. 소매 옆선, 몸판 옆선을 박는다.

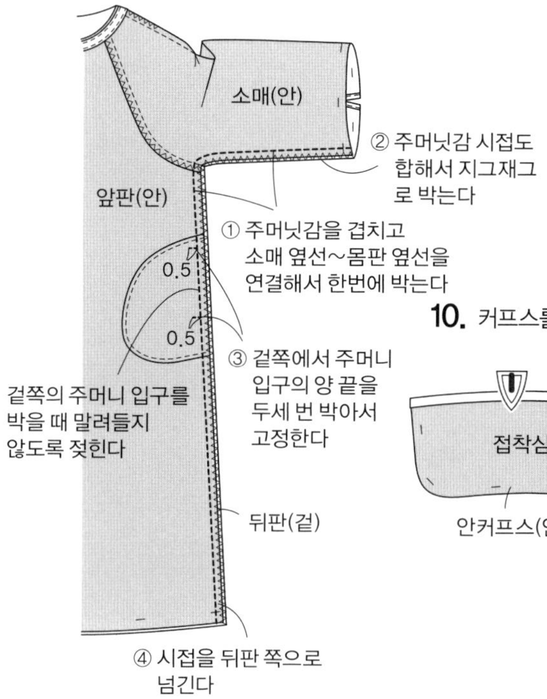

9. 소맷부리에 주름을 잡는다.

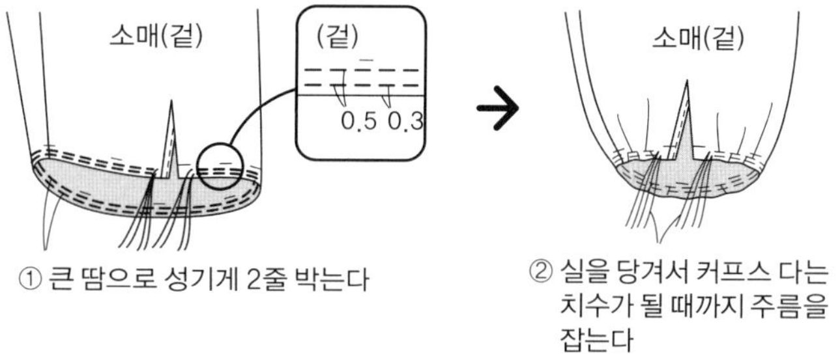

① 큰 땀으로 성기게 2줄 박는다

② 실을 당겨서 커프스 다는 치수가 될 때까지 주름을 잡는다

10. 커프스를 만들어서 단다.

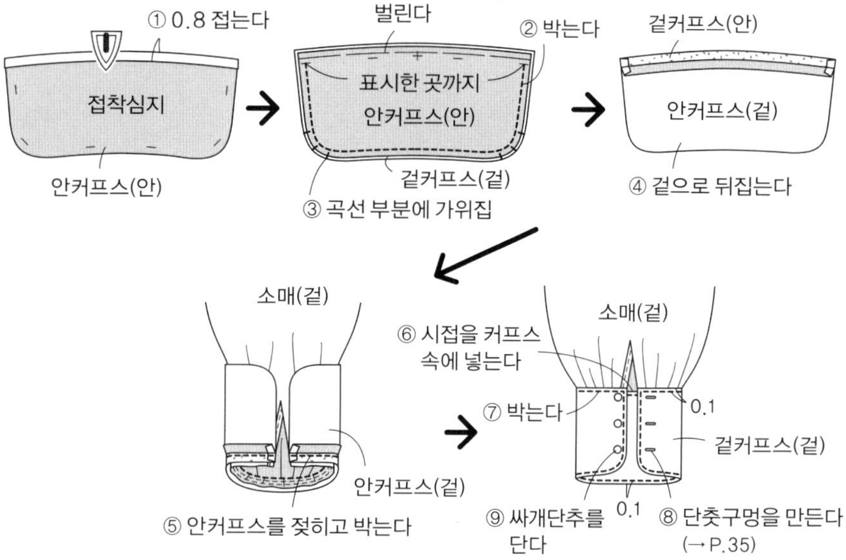

① 0.8 접는다 / 접착심지 / 안커프스(안)

② 박는다 / 접음선을 벌린다 / 표시한 곳까지 / 안커프스(안) / 겉커프스(겉) / ③ 곡선 부분에 가위집

겉커프스(안) / 안커프스(겉) / ④ 겉으로 뒤집는다

⑤ 안커프스를 젖히고 박는다 / 안커프스(겉) / 소매(겉)

⑥ 시접을 커프스 속에 넣는다
⑦ 박는다
⑧ 단춧구멍을 만든다 (→ P.35)
⑨ 싸개단추를 단다
겉커프스(겉) / 소매(겉) / 0.1

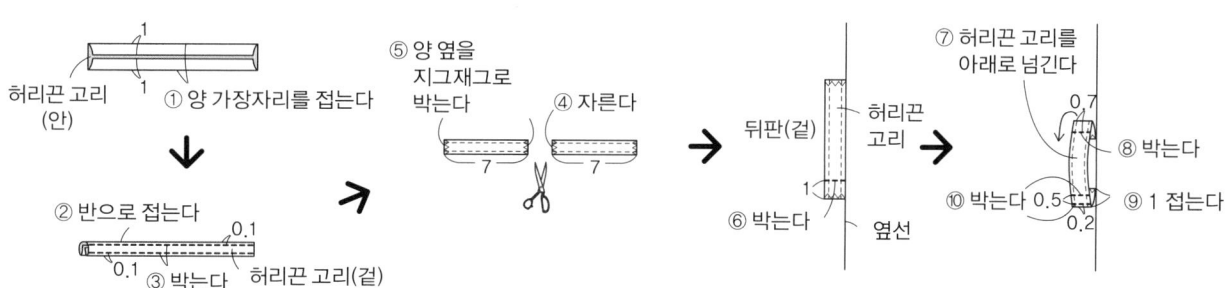

13. 허리끈 고리를 만들어서 단다.

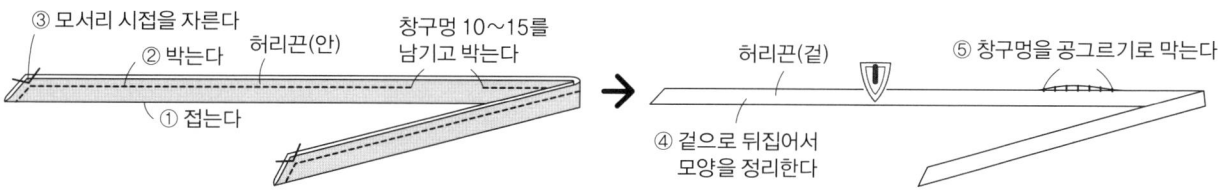

15. 허리끈을 만든다.

I 멜빵 호박바지

Photo / P.30　　실물 크기 옷본 B 면

톡톡한 느낌의 리넨으로 만든 멜빵바지는 밑단에 주름을 듬뿍 잡아서 둥그스름한 실루엣을 만들었습니다. 뒤쪽 허릿단에는 고무줄을 넣어서 착용감이 편합니다. 밀리터리 룩이 연상되는 카키색은 차분한 느낌을 줍니다.

[재료] ※ 왼쪽에서부터 S / M / L / 2L사이즈
겉감(와이드 폭 벨기에 리넨, 카키)
144cm 폭×2m 40cm / 2m 40cm / 2m 50cm / 2m 50
접착심지 90cm 폭×80cm ｜ 1.5㎝ 폭 늘어남 방지 접착테이프 40cm
지름 2cm 단추 1개 ｜ 지름 1.5cm 단추 2개 ｜ 지름 1.3cm 안단추 1개
3cm 폭 납작 고무줄 32cm / 36cm / 40cm / 44cm

[완성 치수] ※ 왼쪽에서부터 S / M / L / 2L사이즈
허리둘레 65 / 71 / 77 / 83cm
엉덩이둘레 123 / 127 / 131 / 135cm
전체 길이 128.5 / 130.5 / 132.5 / 134.5cm

[만드는 순서]
준비 : 앞쪽 안단, 뒤쪽 안단, 앞쪽 진동둘레 안단, 뒤쪽 진동둘레 안단, 커프스, 앞쪽 겉허릿단, 뒤쪽 겉허릿단에 접착심지를 붙인다.

11. 안단과 진동둘레 안단의 어깨선을 각각 박는다. (→P.58)
10. 가슴바대의 어깨선을 박는다. (→P.58)
12. 가슴바대에 안단과 진동둘레 안단을 단다. (→P.58)
13. 허릿단의 오른쪽 옆선을 박는다.
14. 가슴바대와 허릿단을 박는다.
16. 단춧구멍을 만들고 단추를 단다. (단춧구멍 만드는 법→P.35, 58)
1. 바지 앞판의 접박기 주름을 접는다.
2. 오른쪽 주머니를 만든다. (→P.69)
3. 왼쪽 주머니를 만든다.
4. 앞판 밑위를 박는다.
15. 바지와 허릿단을 박는다.
5. 뒤판 밑위를 박는다.
6. 옆선을 박는다.
8. 밑아래를 박는다.
9. 밑단에 수름을 잡고 커프스를 단다.
7. 슬릿 트임을 만든다. (→P.73)

[옷감을 마름질하는 법]

※ 정해진 곳 이외에는 1cm.
※ ▨는 뒷면에 접착심지를 붙인다.
※ 숫자는 위에서부터 S/M/L/2L사이즈

1. 바지 앞판의 접박기 주름을 접는다.

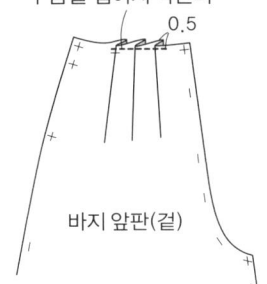

주름을 접어서 박는다
0.5
바지 앞판(겉)

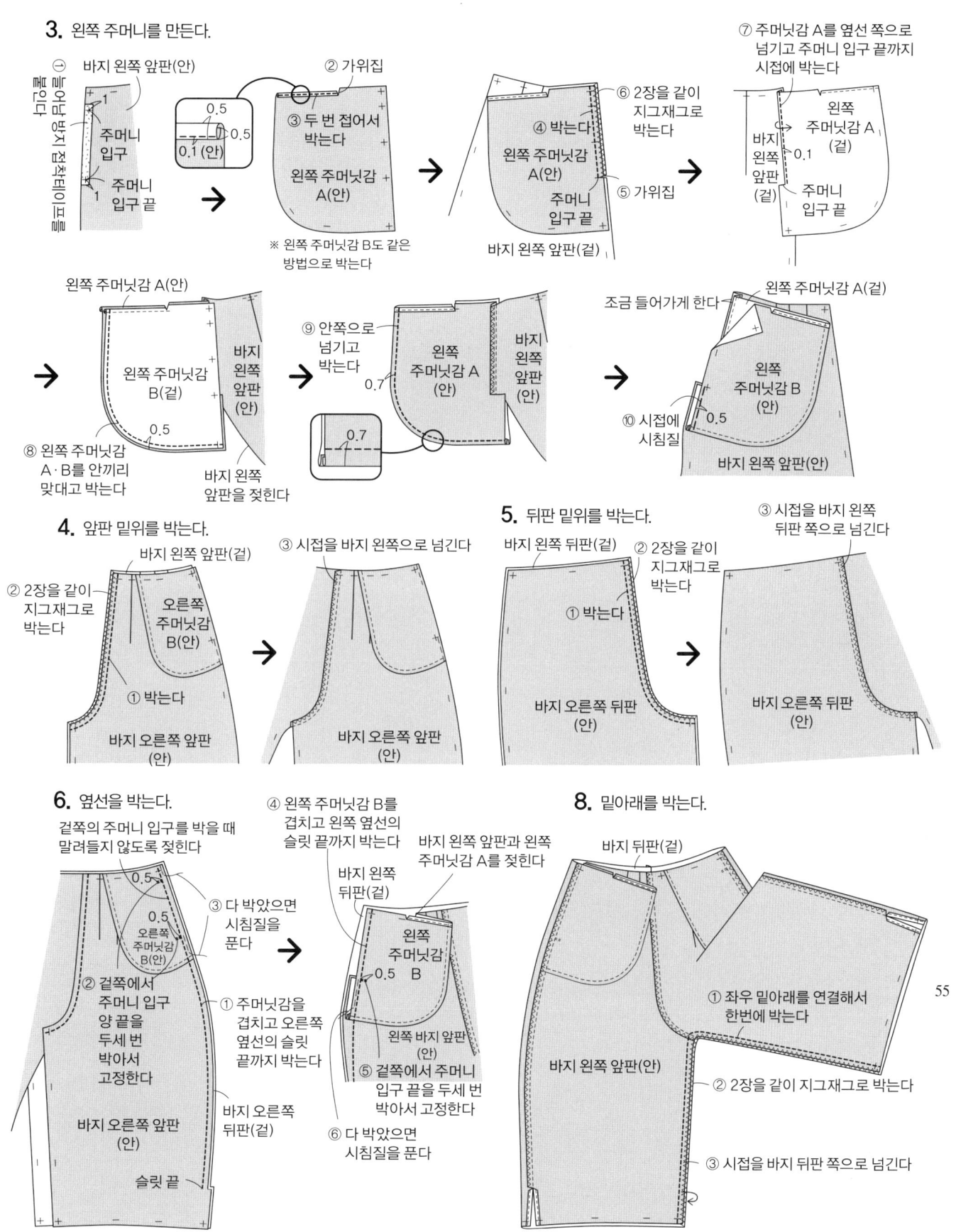

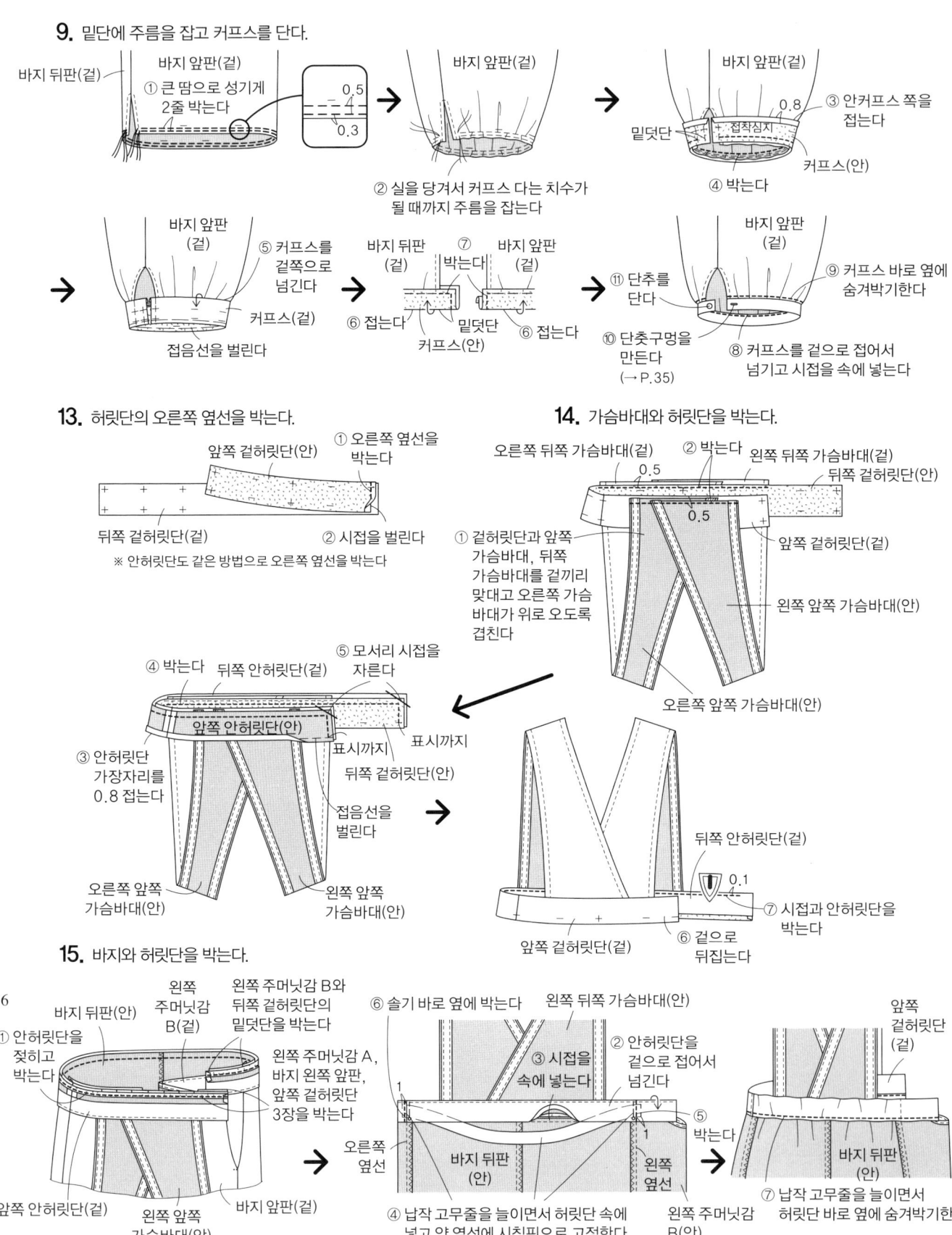

J 글렌체크 에이프런 드레스

Photo / P.31 실물 크기 옷본 B 면

고전적인 글렌체크 무늬 리넨으로 만든 에이프런 드레스. 스커트 부분은 잔주름을 잡지 않고 큼직하게 접박기를 하여 차분한 느낌으로 마무리했습니다. 밀짚모자가 잘 어울리는 에이프런 드레스는 귀여우면서도 실용적인 옷이랍니다.

[재료] ※ 왼쪽에서부터 S / M / L / 2L사이즈
겉감(리넨 100% 선염 글렌체크 워싱 가공, 차콜)
120cm 폭×3m / 3m / 3m 10 / 3m 10
접착심지 90cm 폭×70cm | 1.5cm 폭 늘어남 방지 접착테이프 40cm
지름 2cm 단추 1개 | 지름 1.3cm 안단추 1개
3㎝ 폭 납작 고무줄 32cm / 36cm / 40cm / 44cm

[완성 치수] ※ 왼쪽에서부터 S / M / L / 2L사이즈
허리둘레 65 / 71 / 77 / 83cm
전체 길이 119 / 120.5 / 122 / 123.5cm

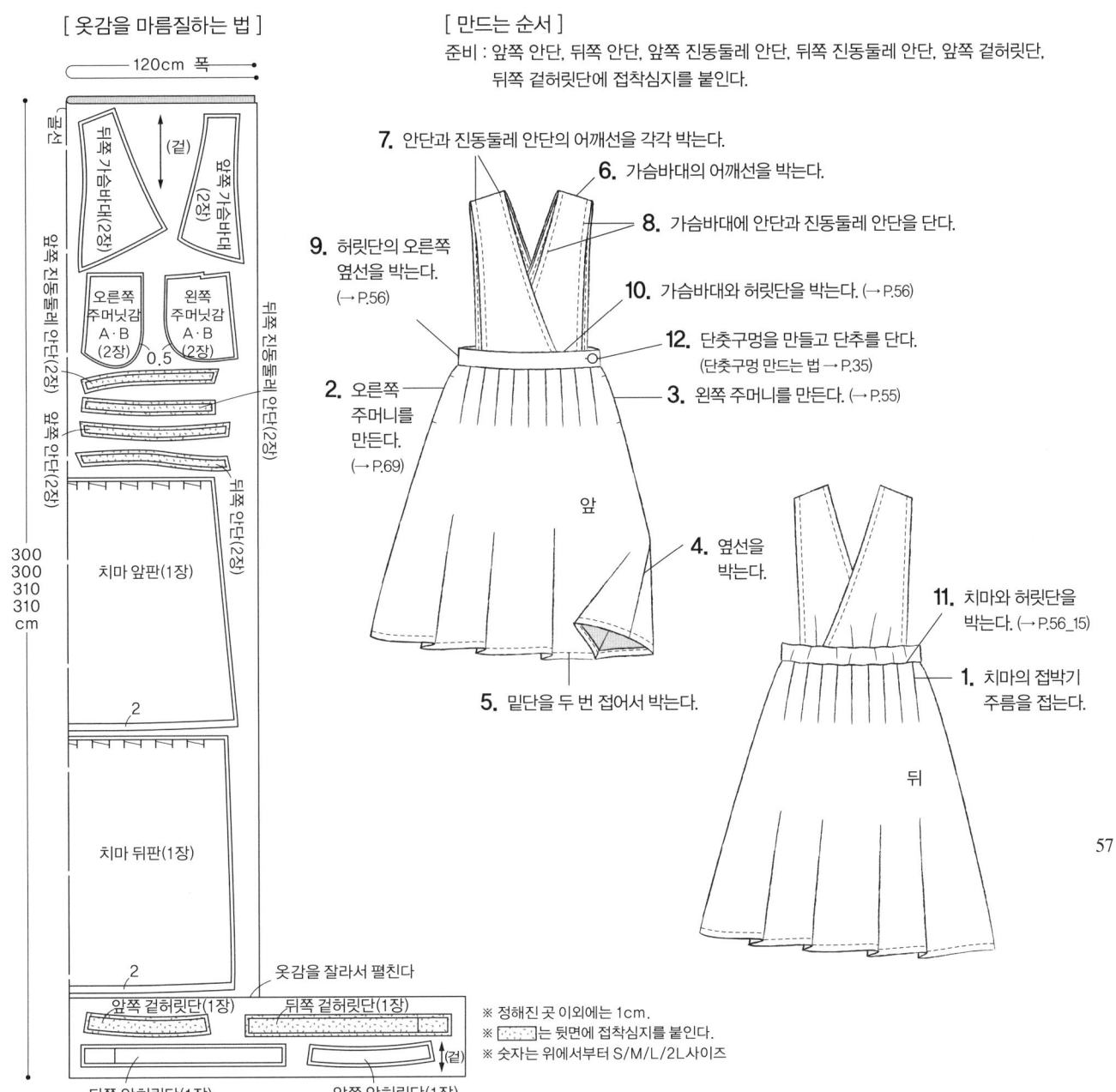

※ 정해진 곳 이외에는 1cm.
※ ▨ 는 뒷면에 접착심지를 붙인다.
※ 숫자는 위에서부터 S/M/L/2L사이즈

1. 치마의 접박기 주름을 접는다.

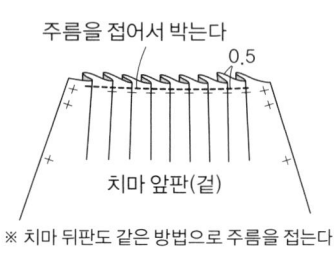

4. 옆선을 박는다.

5. 밑단을 두 번 접어서 박는다.

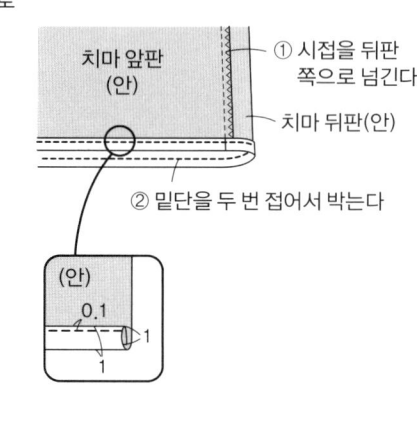

6. 가슴바대의 어깨선을 박는다.

7. 안단과 진동둘레 안단의 어깨선을 각각 박는다.

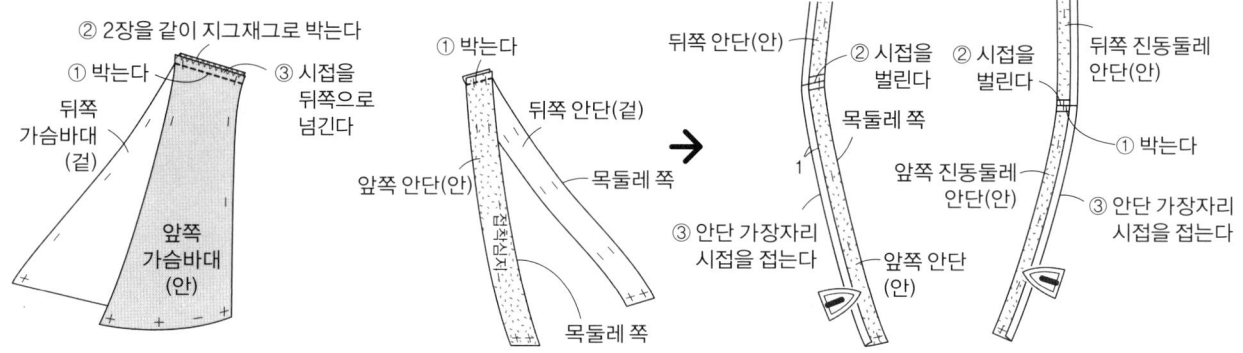

8. 가슴바대에 안단과 진동둘레 안단을 단다.

12. 단춧구멍을 만들고 단추를 단다.
(단춧구멍 만드는 법 → P.35)

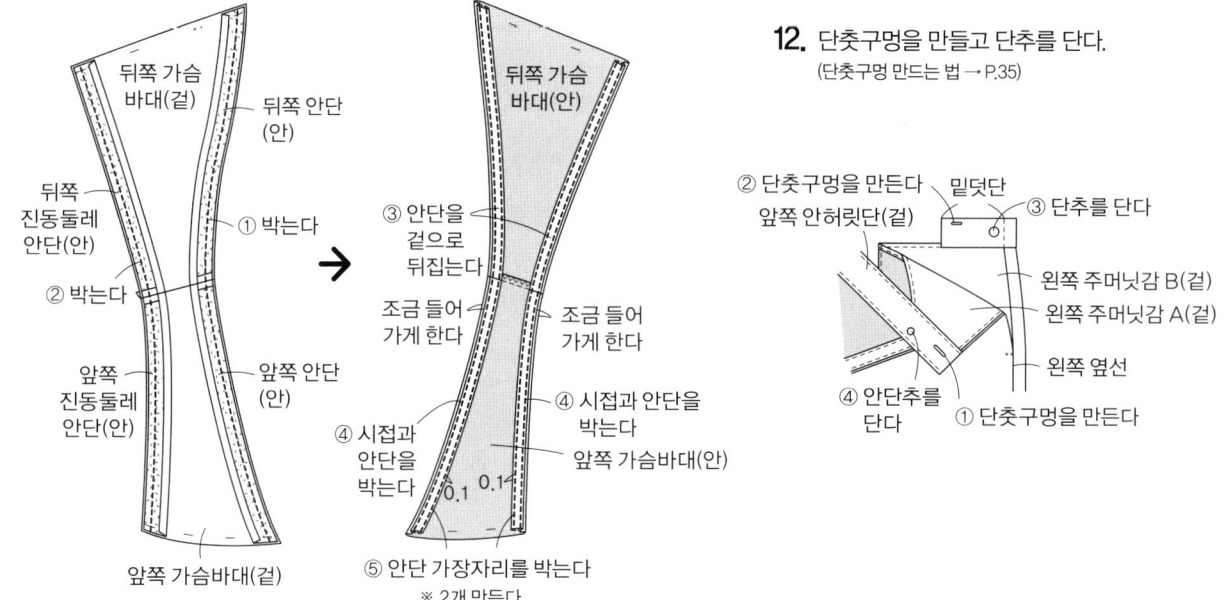

K 투웨이 에이프런 드레스

Photo / P.06, P.24 실물 크기 옷본 B면

샴브레이와 민무늬 리넨으로 만든 투웨이 에이프런 드레스. 스커트 부분과 가슴바대가 분리되는 스타일이라서 단추를 풀면 접박기 스커트가 됩니다. 스커트를 민무늬나 체크무늬 등 여러 패턴으로 만들어서 다양하게 조합해 입어도 재미있어요.

[재료] ※ 왼쪽에서부터 S / M / L / 2L사이즈
겉감(선염 리넨 샴브레이, 블랙)
115cm 폭×2m 20cm / 2m 20cm / 2m 30cm / 2m 30cm
배색감 A(프렌치 오버다이드 워싱 리넨, 블랙)
112cm 폭×50cm / 50cm / 50cm / 60cm
배색감 B(코튼, 블랙) 90cm 폭×50cm / 50cm / 50cm / 60cm
접착심지 90cm 폭×20cm | 1.5cm 폭 늘어남 방지 접착테이프 40cm
지름 1.8cm 싸개단추 3개 | 지름 1.3cm 안단추 5개
3cm 폭 납작 고무줄 32cm / 36cm / 40cm / 44cm

[완성 치수] ※ 왼쪽에서부터 S / M / L / 2L사이즈
허리둘레 65 / 71 / 77 / 83cm
가슴바대 전체 길이 35.5 / 36 / 36.5 / 37cm
치마 길이 74.5 / 75.5 / 76.6 / 77.5cm

[만드는 순서]
준비 : 앞쪽 겉허릿단, 뒤쪽 겉허릿단, 앞쪽 겉가슴바대·뒤쪽 겉가슴바대의 단춧구멍 위치에 접착심지를 붙인다.

1. 가슴바대의 접박기를 한다.
2. 가슴바대의 어깨선을 박는다.
3. 겉가슴바대와 안가슴바대를 박는다.
4. 치마의 접박기 주름을 접는다. (→ P.58)
5. 오른쪽 주머니를 만든다. (→ P.69)
6. 왼쪽 주머니를 만든다. (→ P.55)
7. 옆선을 박는다. (→ P.58)
8. 밑단을 두 번 접어서 박는다
9. 앞쪽 허릿단과 뒤쪽 허릿단을 박는다.
10. 치마와 허릿단을 박는다. (→ P.56_15)
11. 단춧구멍을 만들고 단추를 단다. (단춧구멍 만드는 법 → P.58)
12. 안허릿단에 안단추를 단다.

[옷감을 마름질하는 법]

※ 정해진 곳 이외에는 1cm.
※ ▨ 는 뒷면에 접착심지를 붙인다.
※ 숫자는 위에서부터 S/M/L/2L사이즈

1. 가슴바대의 접박기를 한다.

① 주름을 접음선에서 접어서 박는다
② 왼쪽 접박기도 같은 방법으로 박는다
③ 주름을 옆선 쪽으로 넘긴다

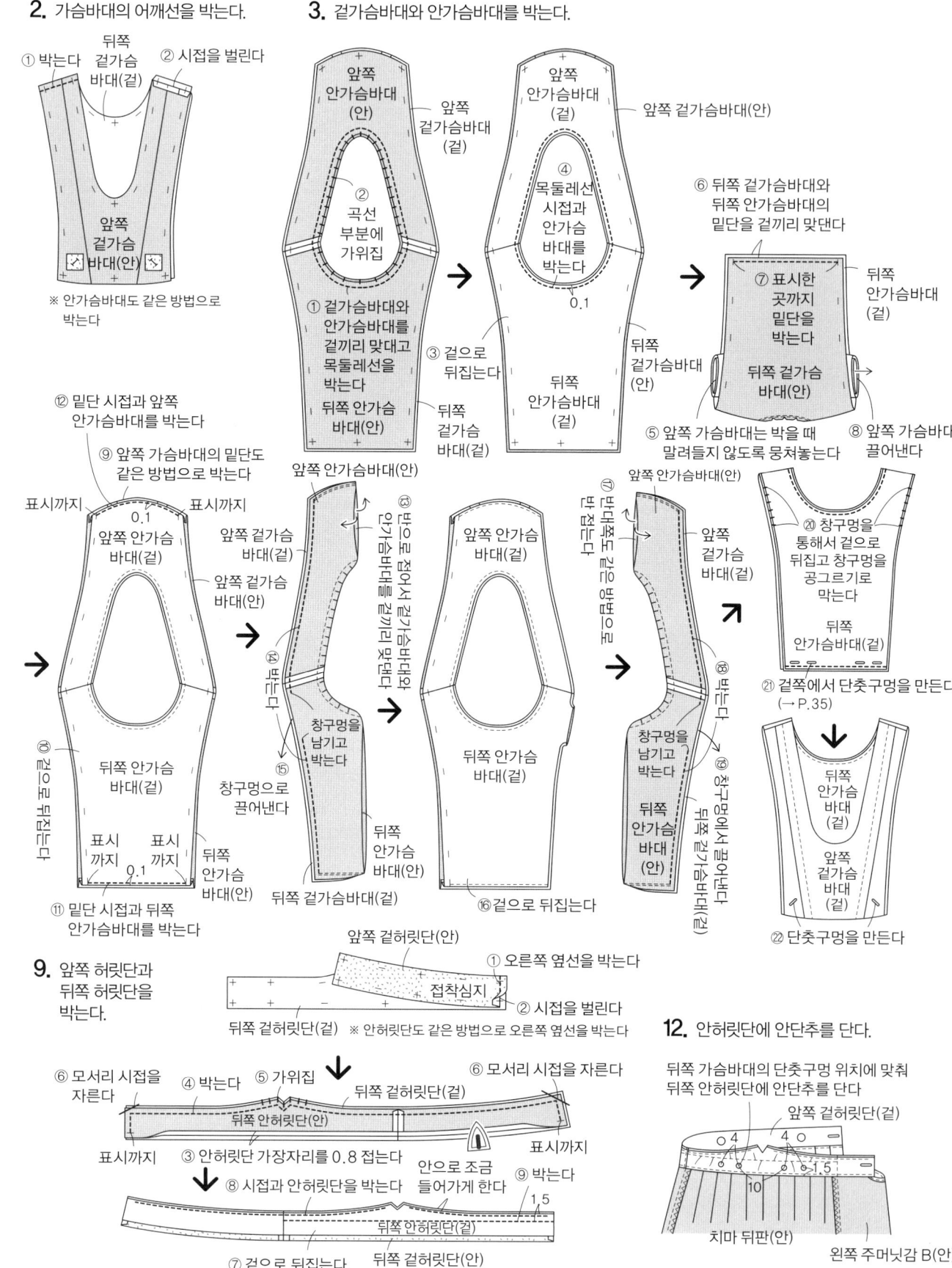

L 벌룬 소매 블라우스

Photo / P.08, P.09 　실물 크기 옷본 D 면

티셔츠 느낌으로 여러 옷에 매치하기 좋아서 여름철에 한 벌 만들어 두면 쓸모 있는 귀여운 블라우스. 가슴에서부터 흐르듯 이어지는 접박기가 봉긋한 소매를 만들어 줍니다. 블랙 컬러 파이핑과 뒤판 리본 등 디테일을 아낌없이 넣었습니다. 리넨으로 만들면 접박기가 자연스럽게 접혀서 예뻐요.

[재료] ※ 왼쪽에서부터 S / M / L / 2L사이즈
겉감(샴브레이 벨기에산 프리미엘 리넨 론 빈티지 워싱 가공, 그레이지)
112cm 폭×1m 50cm / 1m 50cm / 1m 60cm / 1m 60cm
배색감(리넨, 블랙) 50cm×80cm
접착심지 90cm 폭×40cm │ 지름 1cm 싸개단추 3개

[완성 치수] ※ 왼쪽에서부터 S / M / L / 2L사이즈
가슴둘레 117 / 121 / 125 / 129cm
전체 길이 52 / 53 / 54 / 55cm

[만드는 순서]
준비 : 뒤쪽 안단, 커프스에 접착심지를 붙인다. 마름질하여 뒤판 중심선 가장자리를 지그재그로 박는다.

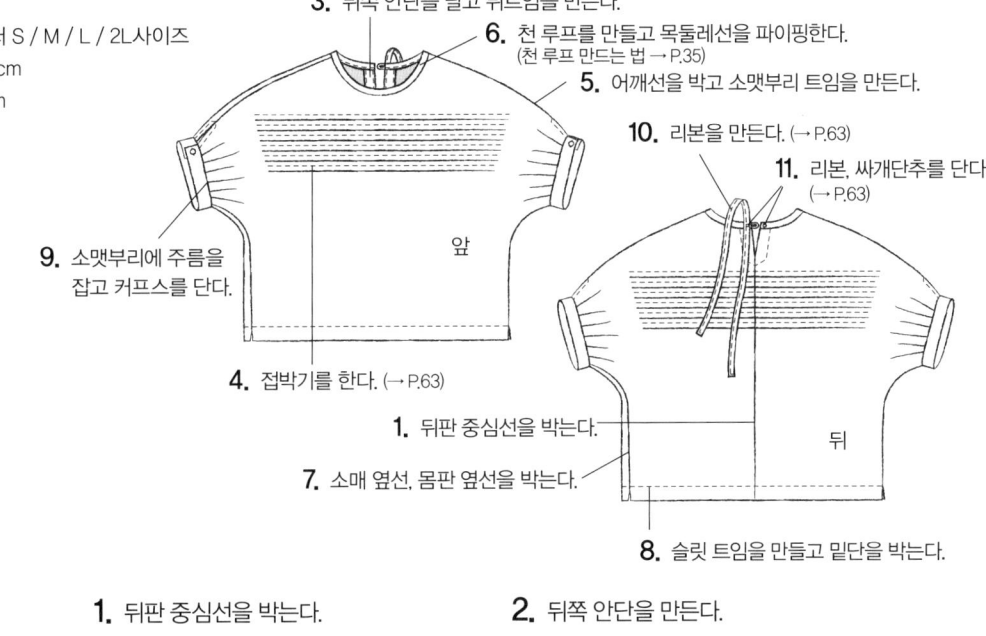

2. 뒤쪽 안단을 만든다.
3. 뒤쪽 안단을 달고 뒤트임을 만든다.
6. 천 루프를 만들고 목둘레선을 파이핑한다. (천 루프 만드는 법→P.35)
5. 어깨선을 박고 소맷부리 트임을 만든다.
10. 리본을 만든다. (→P.63)
11. 리본, 싸개단추를 단다. (→P.63)
9. 소맷부리에 주름을 잡고 커프스를 단다.
4. 접박기를 한다. (→P.63)
1. 뒤판 중심선을 박는다.
7. 소매 옆선, 몸판 옆선을 박는다.
8. 슬릿 트임을 만들고 밑단을 박는다.

[옷감을 마름질하는 법]

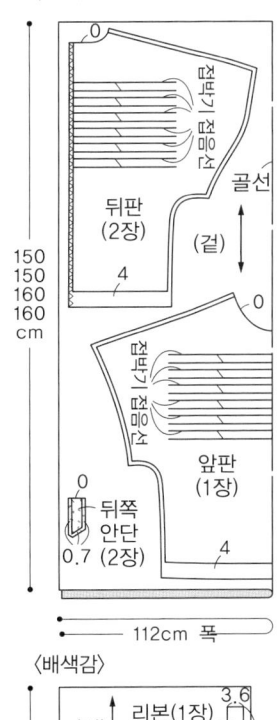

※ 정해진 곳 이외에는 1cm.
※ ░░░ 는 뒷면에 접착심지를 붙인다.
※ ∨∨∨ 는 가장자리를 지그재그로 박는다.
※ 숫자는 위에서부터 S/M/L/2L사이즈
천 루프, 목둘레 파이핑감, 리본은 옷감에 직접 선을 그려서 마름질한다.

1. 뒤판 중심선을 박는다.

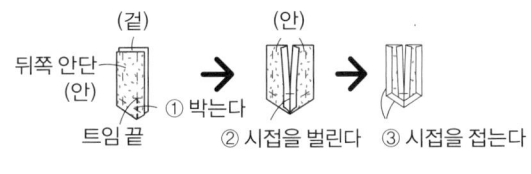

2. 뒤쪽 안단을 만든다.

3. 뒤쪽 안단을 달고 뒤트임을 만든다.

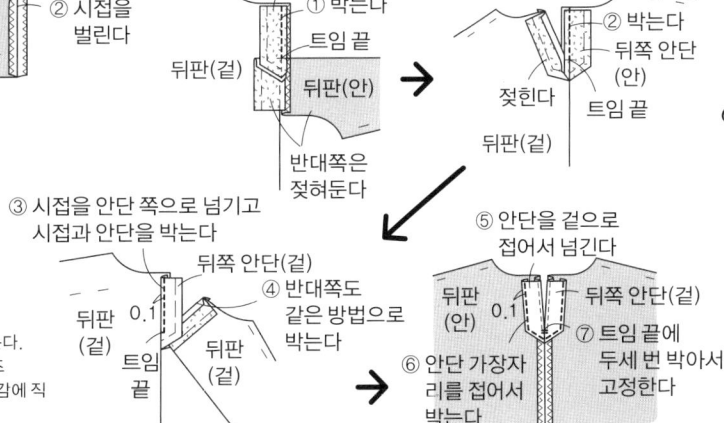

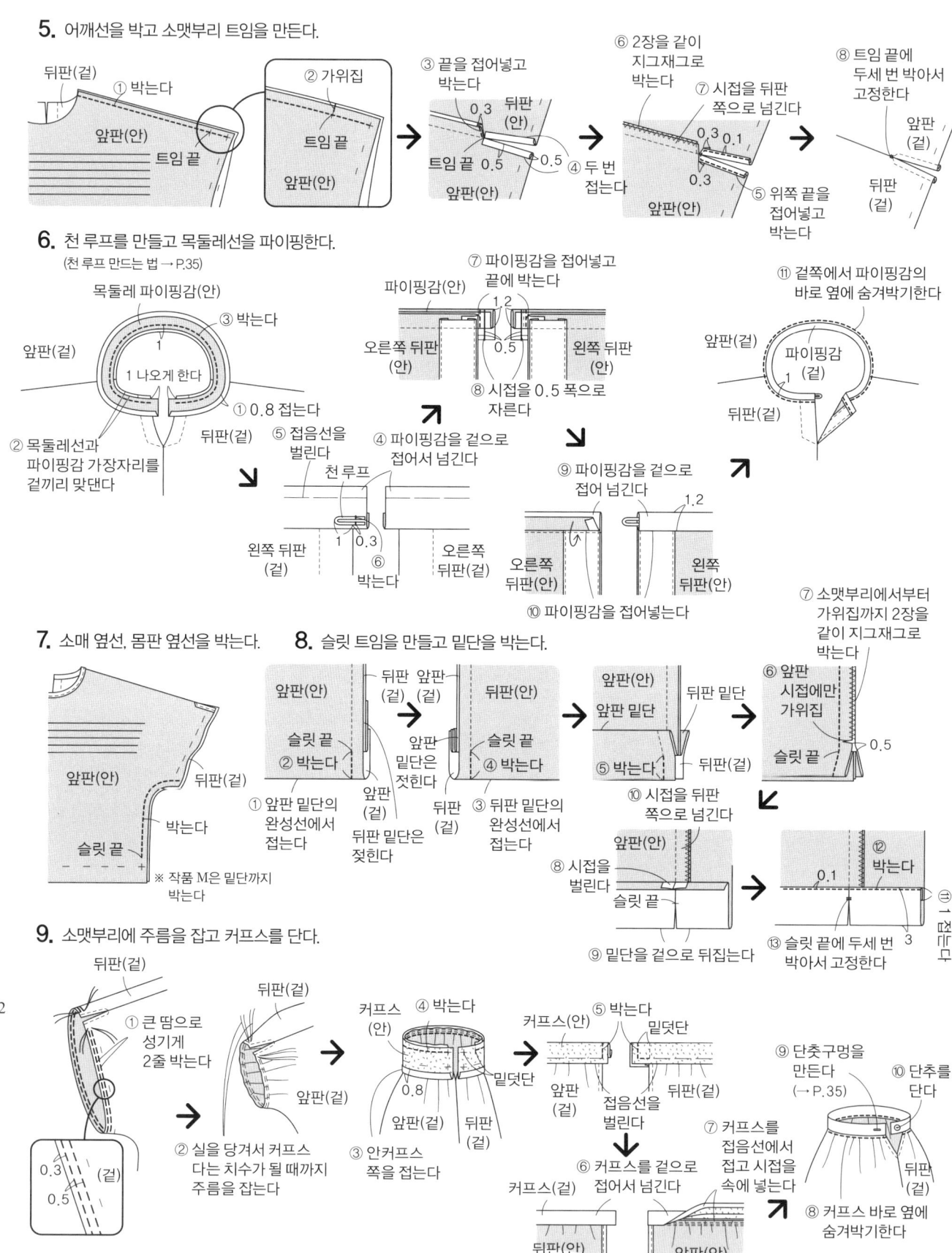

M 벌룬 소매 원피스

Photo / P.07 　실물 크기 옷본 D면

작품 L 벌룬 소매 블라우스를 길게 하여 원피스를 만들었습니다. 넉넉하면서도 아래로 툭 떨어지는 실루엣이라서 편하게 입을 수 있어요. 브라운×블랙으로 차분하고 세련된 분위기를 냈습니다. 소매의 접박기가 자연스럽게 접히는 리넨 소재로 만들면 좋아요.

[재료] ※ 왼쪽에서부터 S / M / L / 2L사이즈
겉감(와이드 폭 벨기에 리넨, 브라운)
140cm 폭×2m 70cm / 2m 70cm / 2m 70cm / 2m 80cm
배색감(리넨, 블랙) 50cm×80cm
접착심지 90cm 폭×40cm ｜ 지름 1cm 단추 3개

[완성 치수] ※ 왼쪽에서부터 S / M / L / 2L사이즈
가슴둘레 117 / 121 / 125 / 129cm
전체 길이 110 / 111.5 / 113 / 114.5cm

[만드는 순서] 준비 : 뒤쪽 안단, 커프스에 접착심지를 붙인다. 마름질하여 뒤판 중심선 가장자리를 지그재그로 박는다.

[옷감을 마름질하는 법]

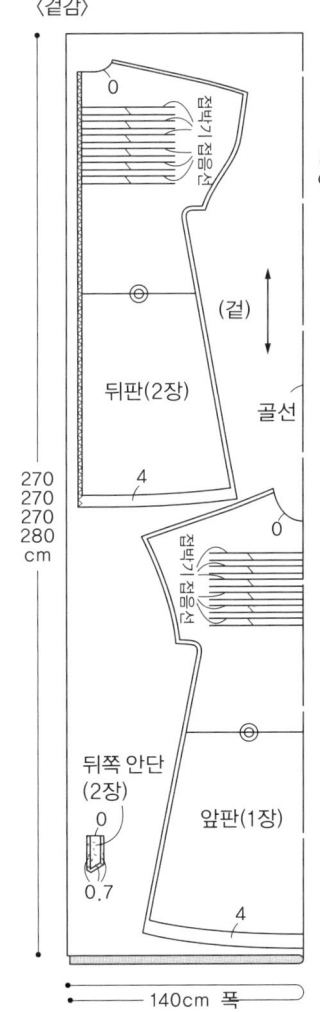

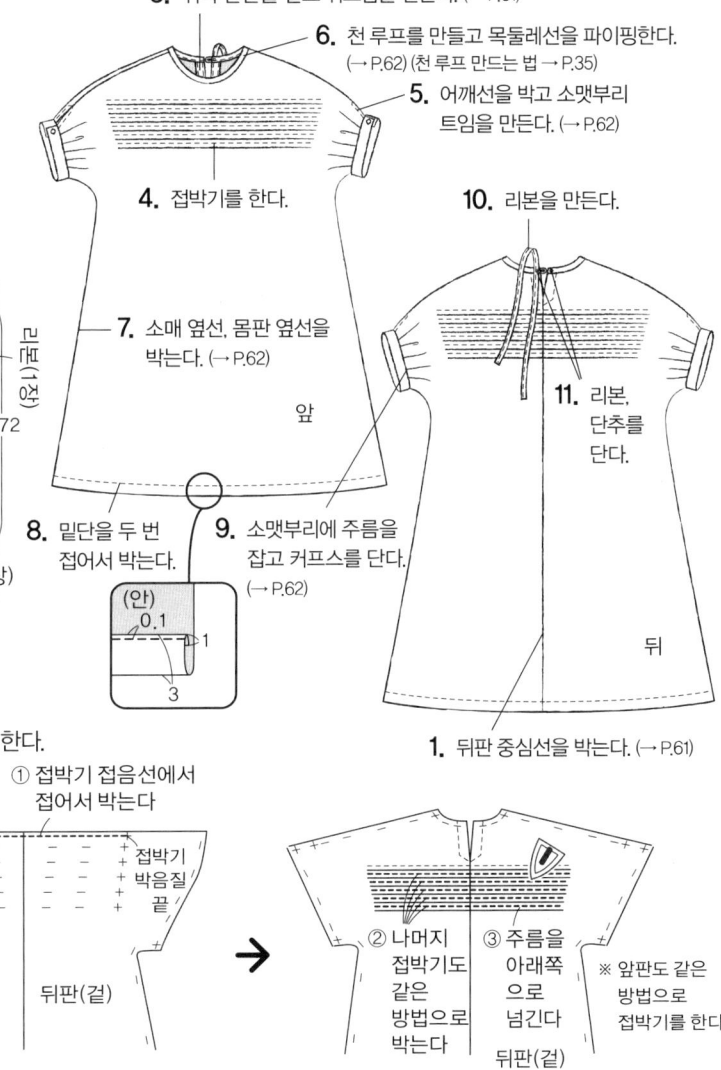

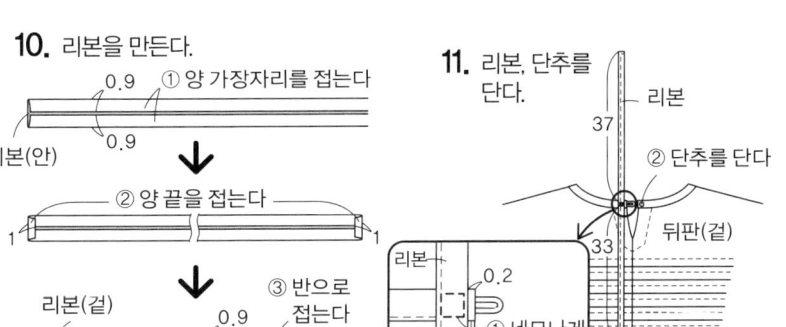

※ 정해진 곳 이외에는 1cm.
※ ▨는 뒷면에 접착심지를 붙인다.
※ ＶＶＶ는 가장자리를 지그재그로 박는다.
※ 숫자는 위에서부터 S/M/L/2L사이즈
※ 천 루프, 목둘레 파이핑감, 리본은 옷감에 직접 선을 그려서 마름질한다.
※ 앞판, 뒤판 옷본은 ◎에서 맞붙이고 옮겨 그린다.

N 세일러 칼라 블라우스
Photo / P.18   실물 크기 옷본 B 면

프랑스 고전 영화 여주인공이 입었을 것 같은 세일러 칼라 블라우스를 감촉 좋은 리넨으로 만들었습니다. 가느다란 블랙 컬러 리본 테이프를 달아서 성인용 블라우스로 만들었는데, 남색으로 바꾸면 마린 스타일이 됩니다. 취향에 맞게 변형해 보세요.

[재료] ※ 왼쪽에서부터 S / M / L / 2L사이즈
겉감(워싱 라미 리넨 1/60번수, 오프화이트)
110cm 폭×1m 80cm / 1m 80cm / 1m 90cm / 2m
접착심지 90cm 폭×60cm | 지름 1cm 싸개단추 10개
0.6cm 폭 리본 테이프(블랙) 1m 80cm

[완성 치수] ※ 왼쪽에서부터 S / M / L / 2L사이즈
가슴둘레 113 / 117 / 121 / 125cm
전체 길이 58 / 59 / 60 / 61cm
소매 길이 26 / 27 / 28 / 29cm

[만드는 순서] 준비 : 겉깃, 앞쪽 안단, 소맷부리 안단에 접착심지를 붙인다.

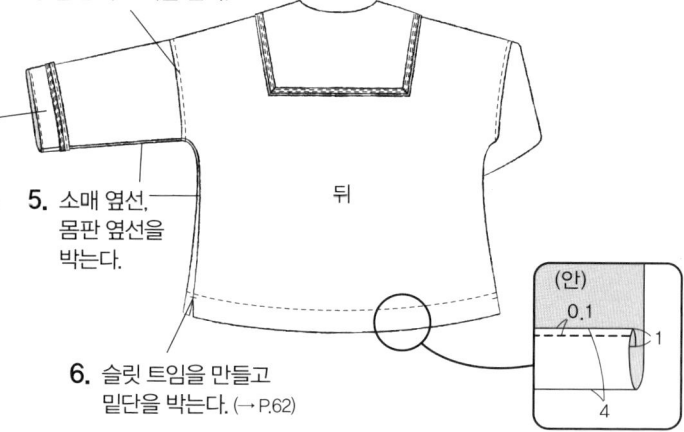

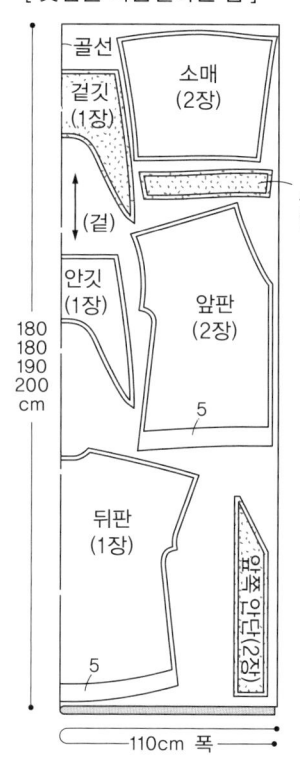

[옷감을 마름질하는 법]

※ 정해진 곳 이외에는 1cm.
※ ▓ 는 뒷면에 접착심지를 붙인다.
※ 숫자는 위에서부터 S/M/L/2L사이즈

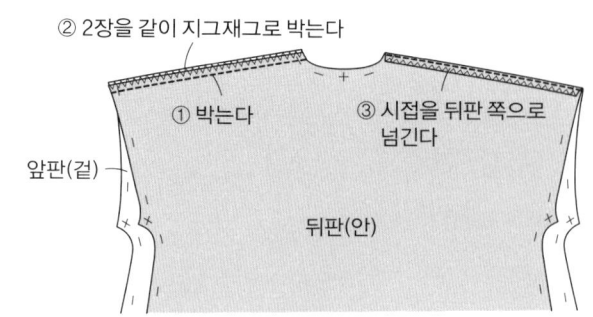

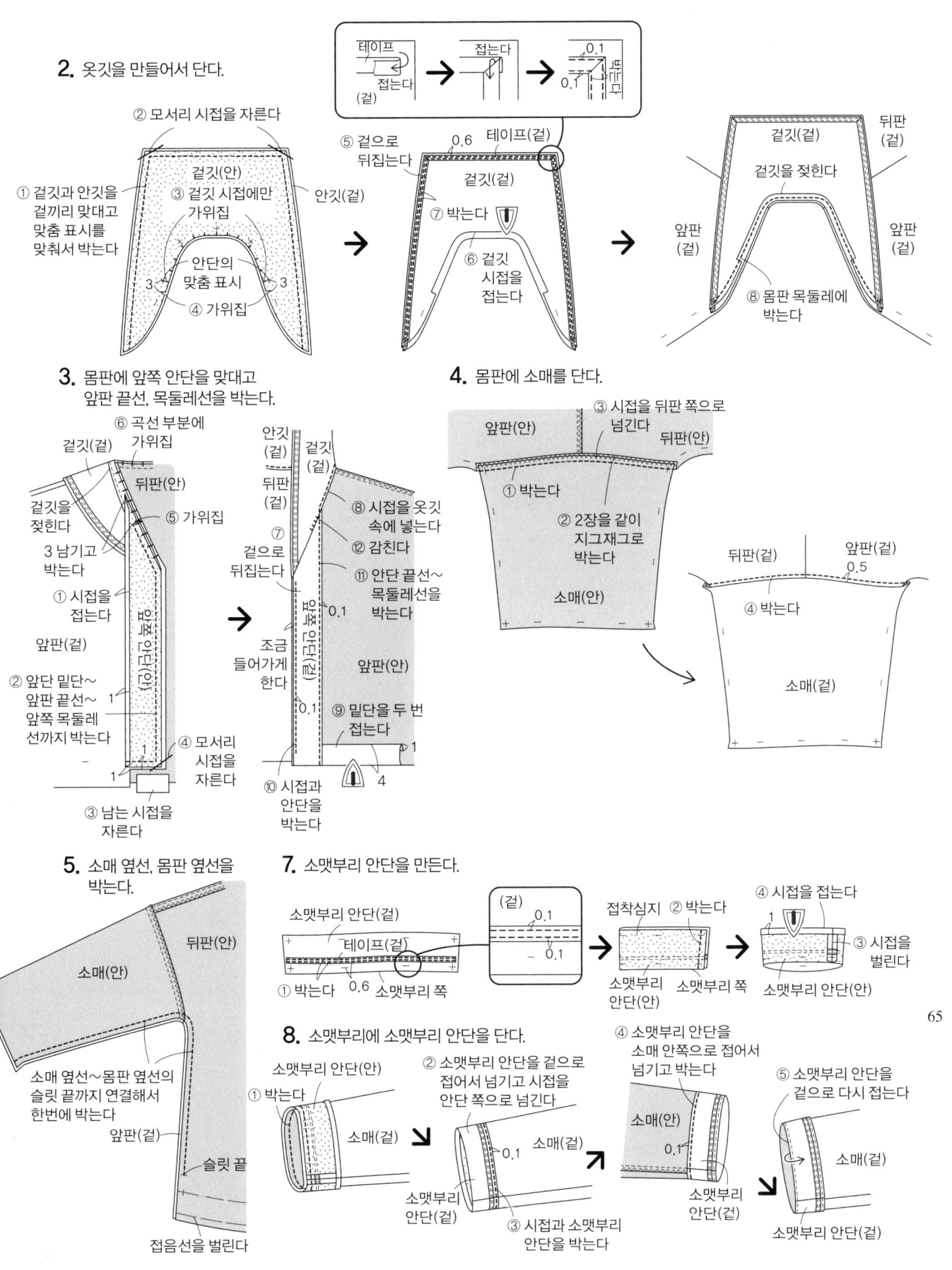

O 숄칼라 롱 원피스

Photo / P.26   실물 크기 옷본 B 면

데님 느낌의 인디고 염색 프렌치 리넨으로 만든 원피스. 목 부분이 시원하고 예쁘게 보이는 숄칼라는 차분한 여성의 이미지입니다. 아이보리 싸개단추를 한 줄로 달아서 상큼한 느낌으로 마무리했습니다.

[재료] ※ 왼쪽에서부터 S / M / L / 2L사이즈
겉감(와이드 폭 프렌치 리넨 선염 인디고 염색, 인디고블루)
146cm 폭×3m / 3m / 3m 10cm / 3m 10cm
접착심지 90cm 폭×60cm | 지름 1cm 싸개단추 8개

[완성 치수] ※ 왼쪽에서부터 S / M / L / 2L사이즈
가슴둘레 113 / 117 / 121 / 125cm
전체 길이 117 / 118.5 / 120 / 121.5cm
소매 길이 26 / 27 / 28 / 29cm

[만드는 순서]
준비 : 겉깃, 안깃, 앞쪽 안단, 소맷부리 안단에 접착심지를 붙인다.

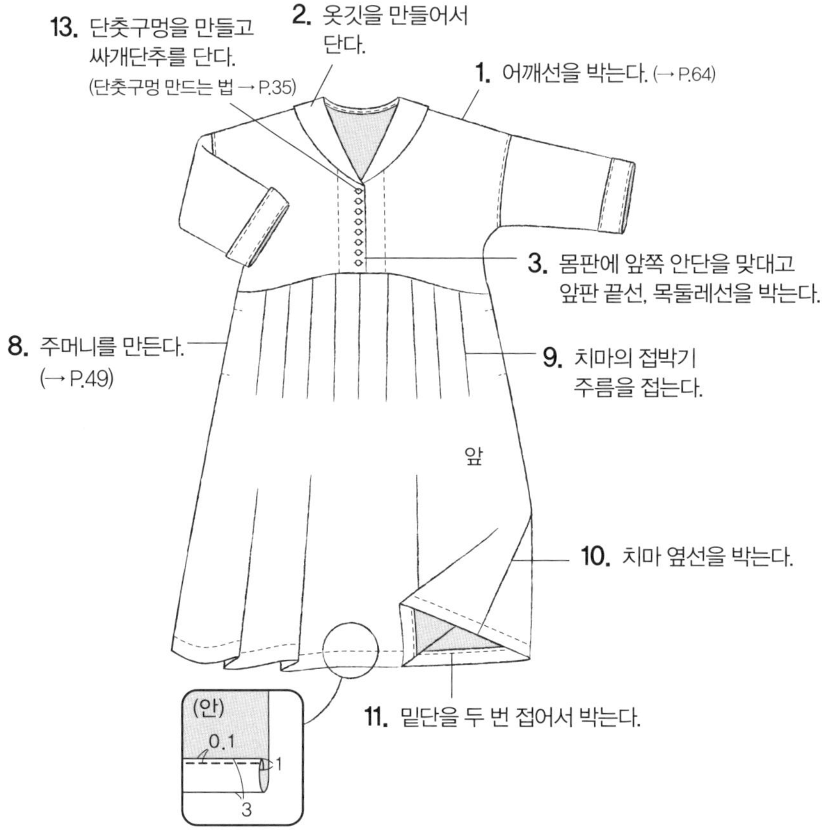

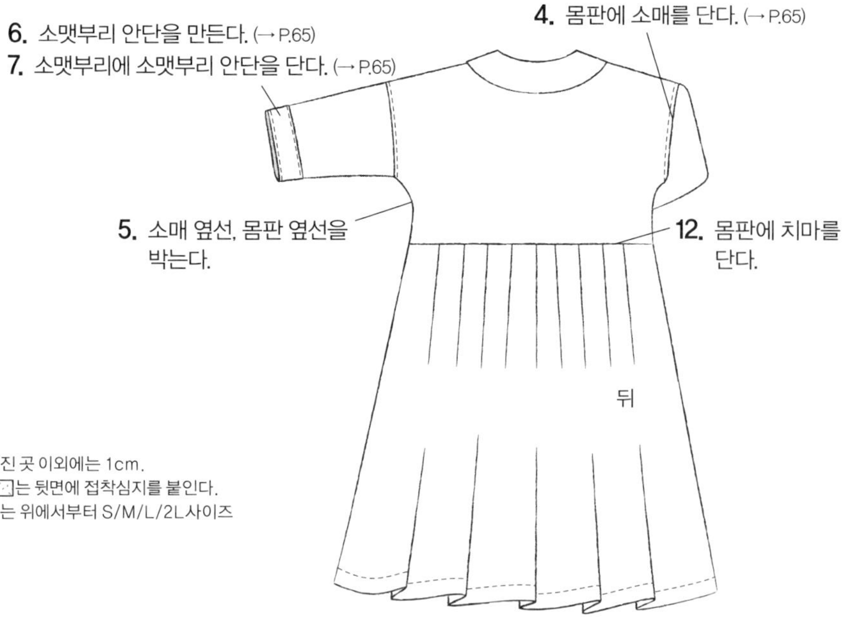

1. 어깨선을 박는다. (→ P.64)
2. 옷깃을 만들어서 단다.
3. 몸판에 앞쪽 안단을 맞대고 앞판 끝선, 목둘레선을 박는다.
4. 몸판에 소매를 단다. (→ P.65)
5. 소매 옆선, 몸판 옆선을 박는다.
6. 소맷부리 안단을 만든다. (→ P.65)
7. 소맷부리에 소맷부리 안단을 단다. (→ P.65)
8. 주머니를 만든다. (→ P.49)
9. 치마의 접박기 주름을 접는다.
10. 치마 옆선을 박는다.
11. 밑단을 두 번 접어서 박는다.
12. 몸판에 치마를 단다.
13. 단춧구멍을 만들고 싸개단추를 단다. (단춧구멍 만드는 법→P.35)

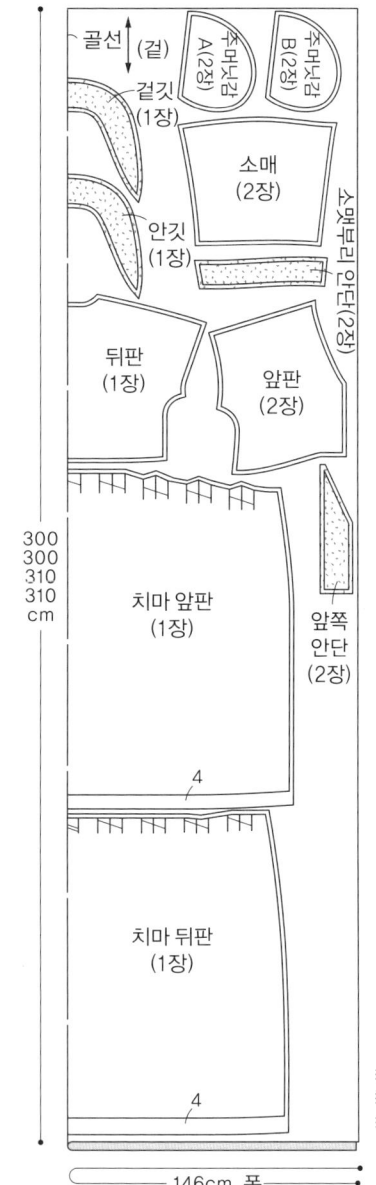

[옷감을 마름질하는 법]

※ 정해진 곳 이외에는 1cm.
※ ▨ 는 뒷면에 접착심지를 붙인다.
※ 숫자는 위에서부터 S/M/L/2L사이즈

2. 옷깃을 만들어서 단다.

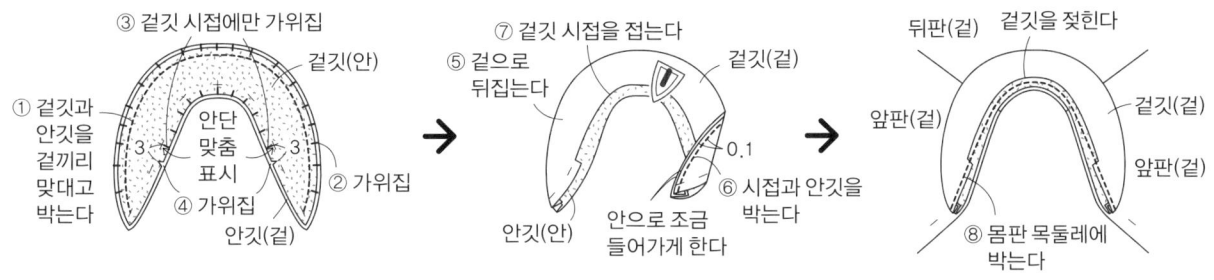

3. 몸판에 앞쪽 안단을 맞대고 앞판 끝선, 목둘레선을 박는다.

5. 소매 옆선, 몸판 옆선을 박는다.

9. 치마의 접박기 주름을 접는다.

10. 치마 옆선을 박는다.

12. 몸판에 치마를 단다.

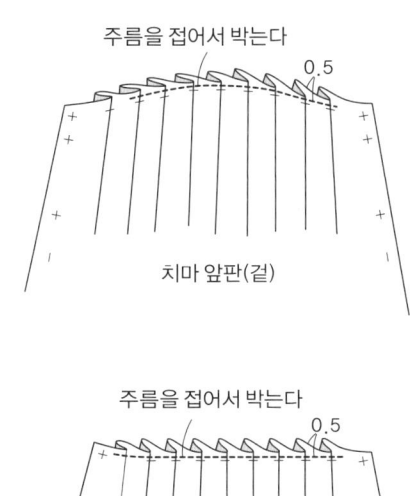
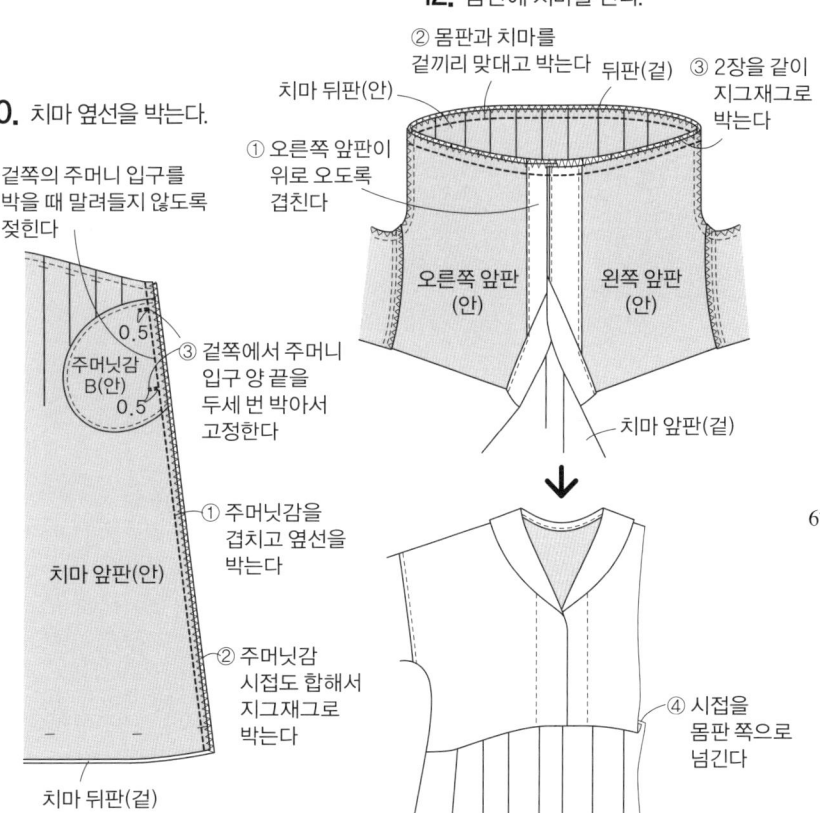

P 리넨 마린 팬츠 Q 라즈베리 팬츠

Photo / P.08, P.10, P.19 실물 크기 옷본 D 면

작품 P는 코튼 리넨 캔버스로 만들고, 접박기 부분에 큼직한 단추를 나란히 달아서 마린 스타일처럼 완성했습니다. 작품 Q는 신선한 라즈베리 같은 빨간색 리넨을 골랐고, 같은 천으로 만든 싸개단추를 달아서 고전적인 스타일로 마무리했습니다. 허릿단에는 고무줄을 넣어서 프릴처럼 보이는 디자인이라 상의를 넣어 입어도 세련되어 보입니다. 주머니를 생략하면 만들기도 간단하답니다.

[P 재료] ※ 왼쪽에서부터 S / M / L / 2L사이즈
겉감(워싱 코튼 리넨 캔버스, 무염색)
108cm 폭×2m 20cm / 2m 20cm / 2m 30cm / 2m 30cm
1.5cm 폭 늘어남 방지 접착테이프 40cm
지름 2㎝ 단추 6개 | 3cm 폭 납작 고무줄 적당량

[Q 재료] ※ 왼쪽에서부터 S / M / L / 2L사이즈
겉감(리넨 캔버스, 레드)
112cm 폭×2m 20cm / 2m 20cm / 2m 30cm / 2m 30cm
1.5cm 폭 늘어남 방지 접착테이프 40cm
지름 2cm 싸개단추 6개 | 3cm 폭 납작 고무줄 적당량

[완성 치수] ※ 왼쪽에서부터 S / M / L / 2L사이즈
엉덩이둘레 117 / 121 / 125 / 129cm
바지 길이 85 / 86.5 / 88 / 89.5cm

[만드는 순서] 준비 : 마름질하여 뒷주머니 가장자리를 지그재그로 박는다.

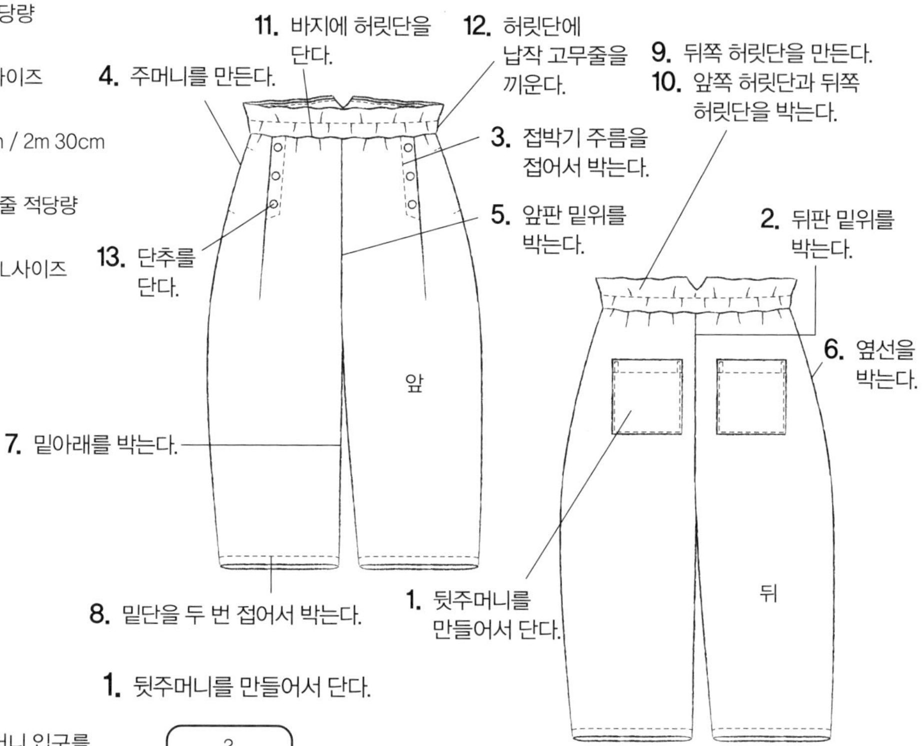

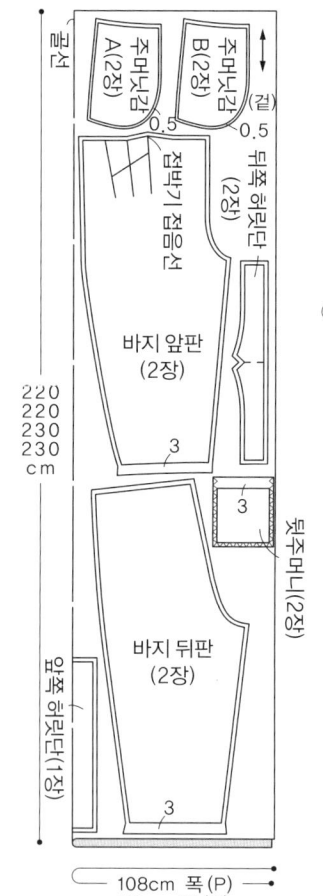

[옷감을 마름질하는 법]

※ 정해진 곳 이외에는 1cm.
※ VVV 는 가장자리를 지그재그로 박는다.
※ 숫자는 위에서부터 S/M/L/2L사이즈

1. 뒷주머니를 만들어서 단다.

2. 뒤판 밑위를 박는다.

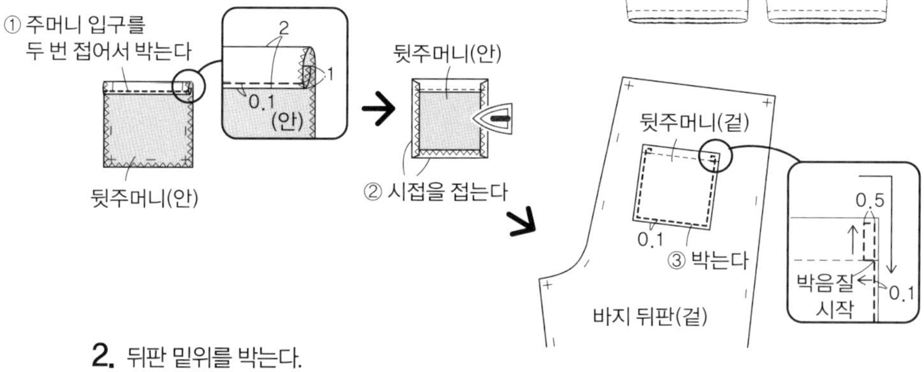

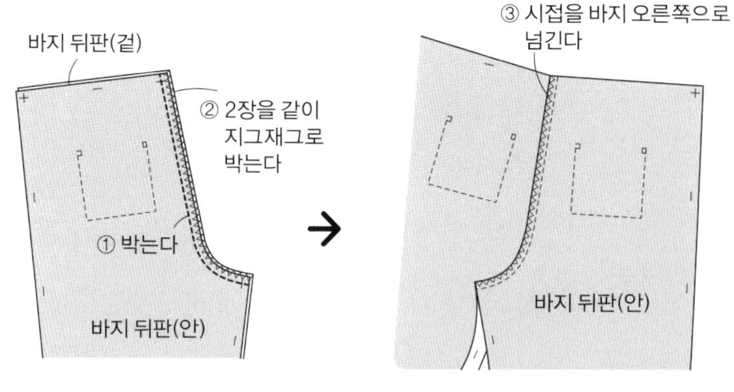

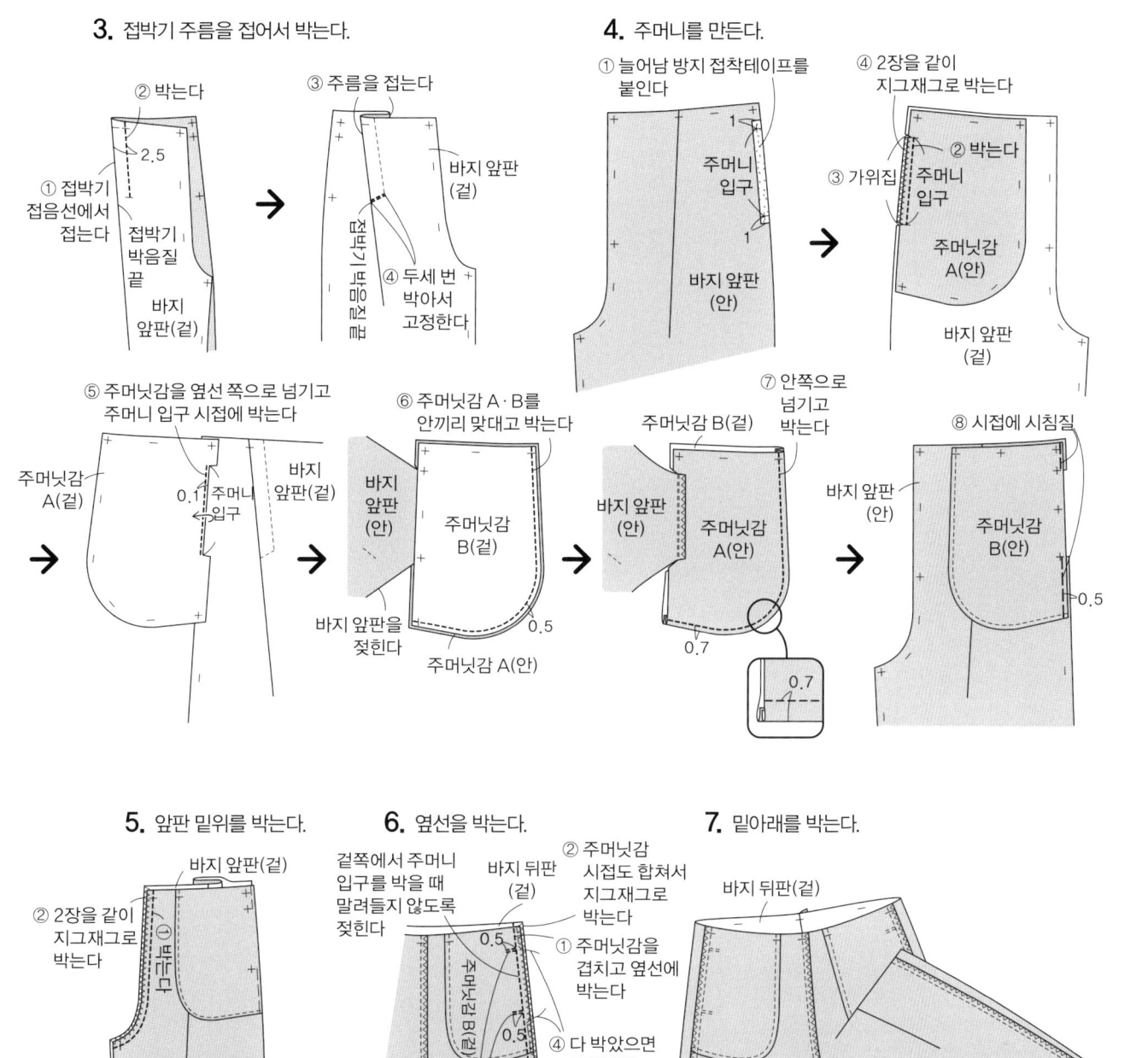

8. 밑단을 두 번 접어서 박는다.

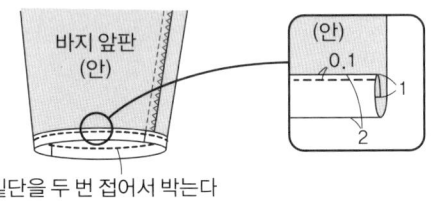

밑단을 두 번 접어서 박는다

9. 뒤쪽 허릿단을 만든다.

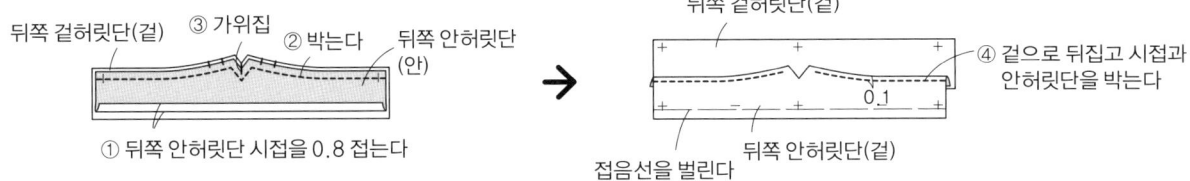

10. 앞쪽 허릿단과 뒤쪽 허릿단을 박는다.

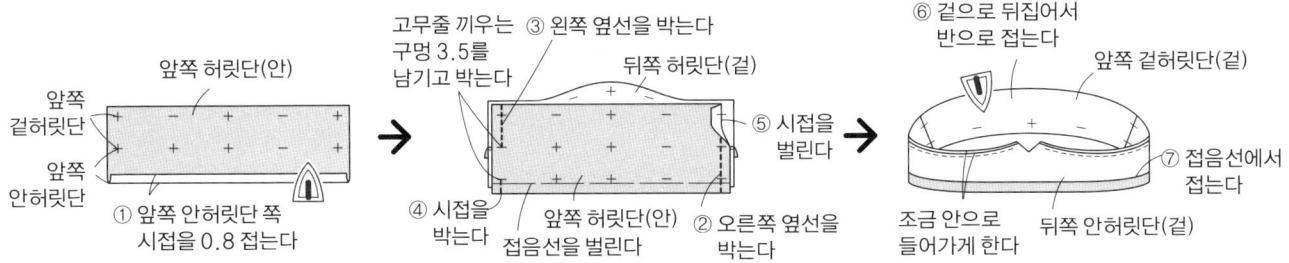

11. 바지에 허릿단을 단다.

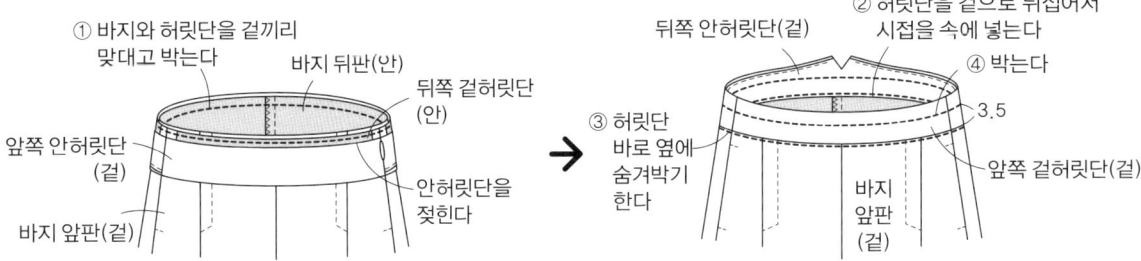

12. 허릿단에 납작 고무줄을 끼운다.

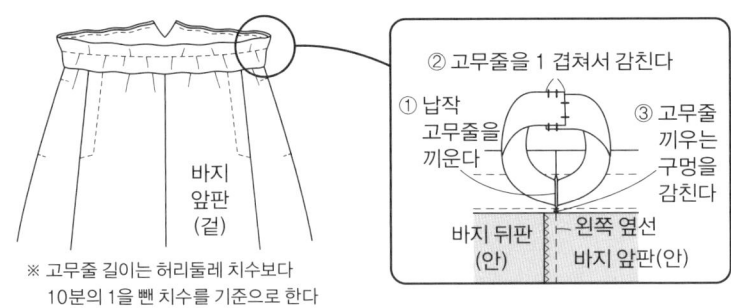

※ 고무줄 길이는 허리둘레 치수보다 10분의 1을 뺀 치수를 기준으로 한다

R 블록체크 로브 코트

Photo / P.22 실물 크기 옷본 C, D 면

[재료] ※ 왼쪽에서부터 S / M / L / 2L사이즈
겉감(코튼 리넨 깅엄체크 웨더클로스, 큰 무늬 검정)
112cm 폭×2m 90cm / 3m / 3m / 3m
배색감(리넨, 연한 베이지) 40cm×40cm
접착심지 90cm 폭×40cm | 지름 1cm 싸개단추 9개

[완성 치수] ※ 왼쪽에서부터 S / M / L / 2L사이즈
가슴둘레 135 / 139 / 143 / 147cm
전체 길이 108 / 119.5 / 111 / 112.5cm
소매 길이 30 / 30.5 / 31 / 31.5cm

[만드는 순서]
준비 : 소맷부리 안단, 주머니 입구 안단에 접착심지를 붙인다.
마름질하여 주머니 가장자리를 지그재그로 박는다.

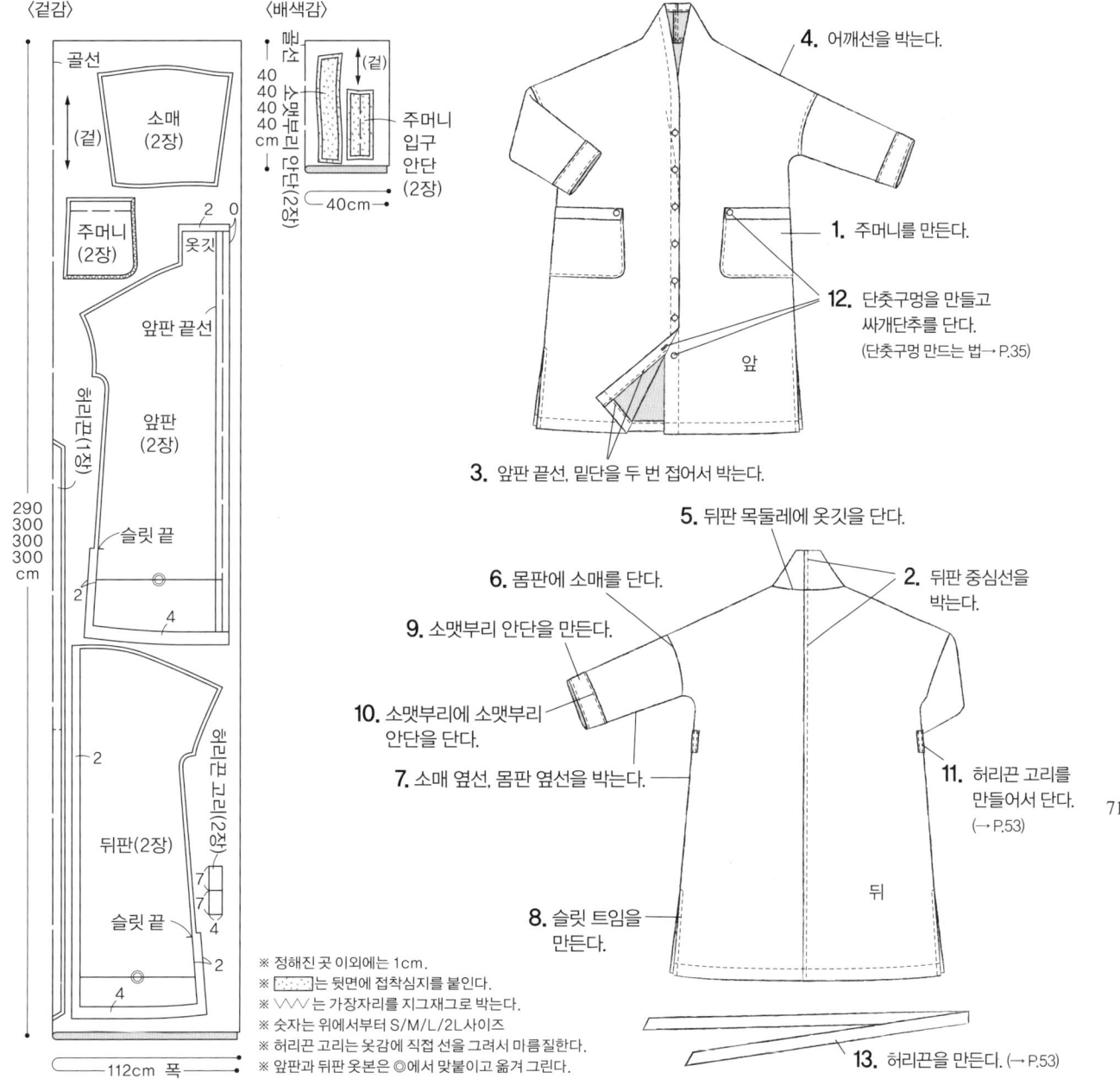

1. 주머니를 만든다.

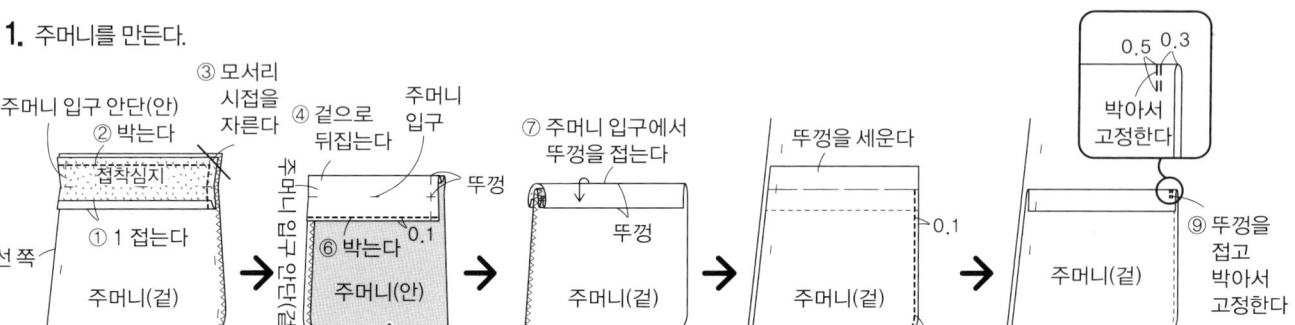

2. 뒤판 중심선을 박는다.

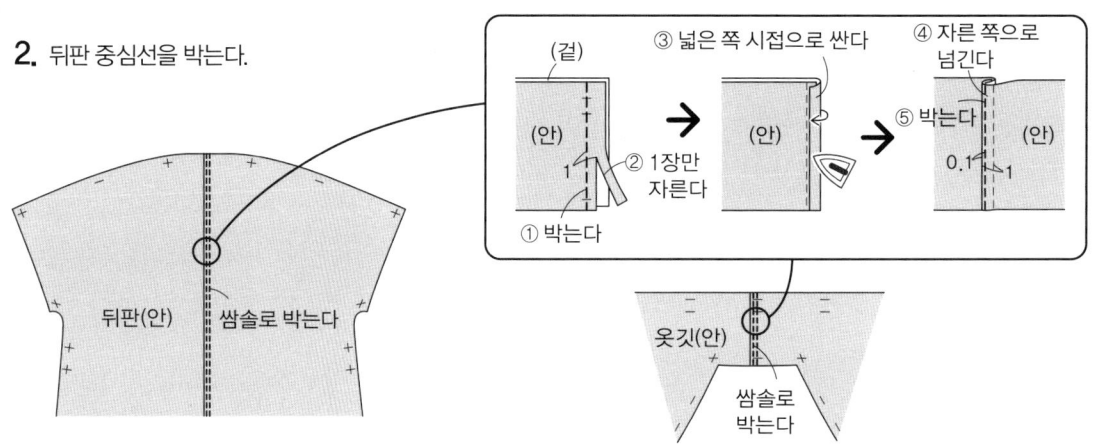

3. 앞판 끝선, 밑단을 두 번 접어서 박는다.

4. 어깨선을 박는다.

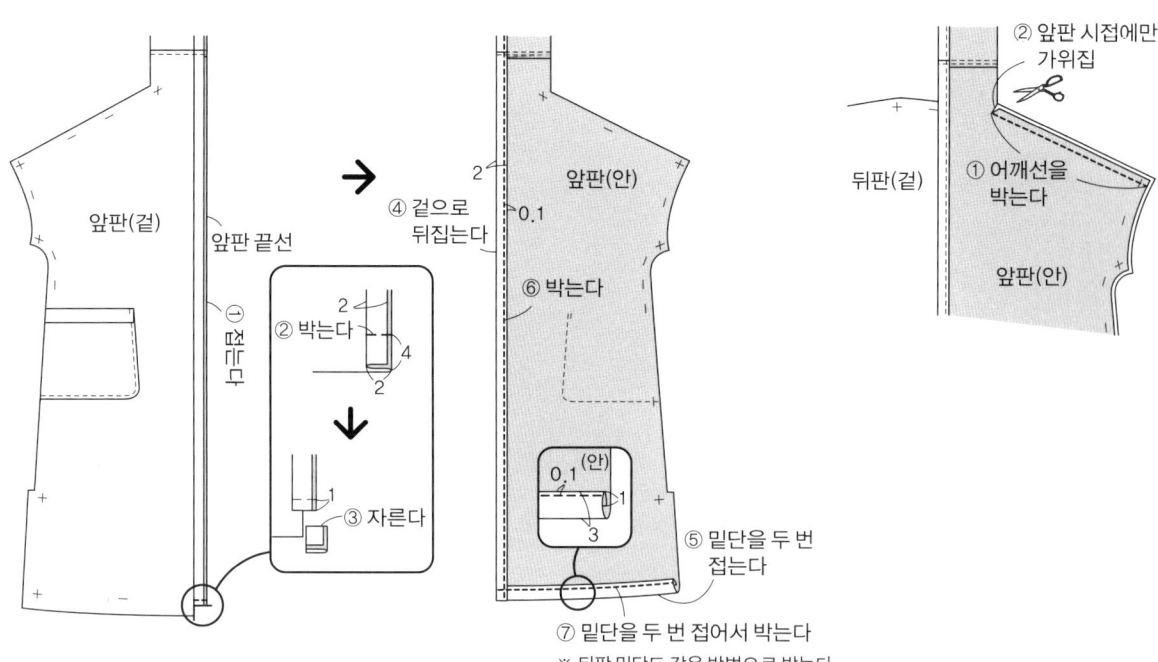

5. 뒤판 목둘레에 옷깃을 단다.

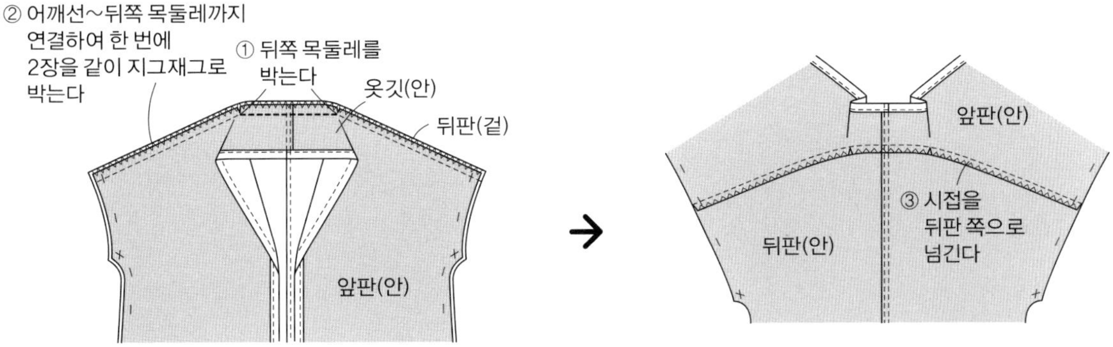

② 어깨선~뒤쪽 목둘레까지 연결하여 한 번에 2장을 같이 지그재그로 박는다
① 뒤쪽 목둘레를 박는다
옷깃(안)
뒤판(겉)
앞판(안)

③ 시접을 뒤판 쪽으로 넘긴다
뒤판(안)

6. 몸판에 소매를 단다.

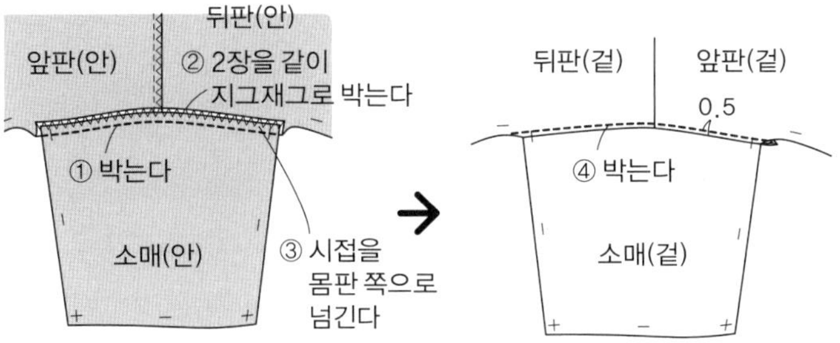

앞판(안)
뒤판(안)
② 2장을 같이 지그재그로 박는다
① 박는다
③ 시접을 몸판 쪽으로 넘긴다
소매(안)

뒤판(겉) 앞판(겉)
0.5
④ 박는다
소매(겉)

7. 소매 옆선, 몸판 옆선을 박는다.

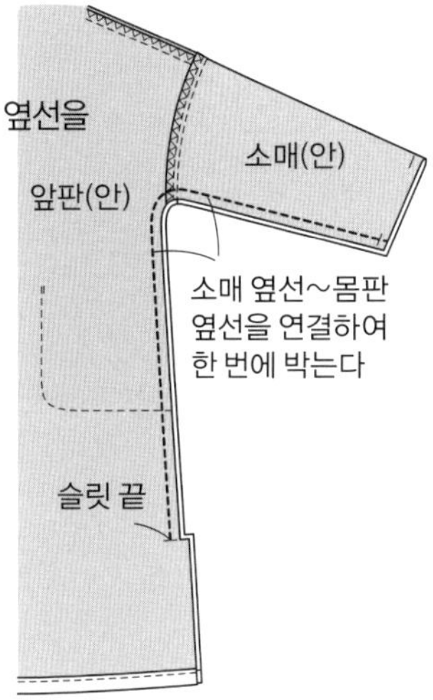

앞판(안)
소매(안)
소매 옆선~몸판 옆선을 연결하여 한 번에 박는다
슬릿 끝

8. 슬릿 트임을 만든다.

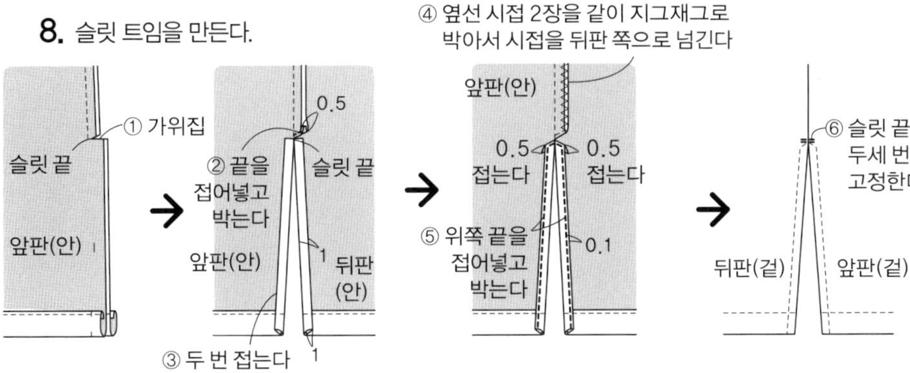

슬릿 끝
① 가위집
앞판(안)

② 끝을 접어넣고 박는다
0.5
슬릿 끝
앞판(안) 뒤판(안)
③ 두 번 접는다
1

④ 옆선 시접 2장을 같이 지그재그로 박아서 시접을 뒤판 쪽으로 넘긴다
앞판(안)
0.5 0.5
접는다 접는다
⑤ 위쪽 끝을 접어넣고 박는다
0.1

⑥ 슬릿 끝에 두세 번 박아서 고정한다
뒤판(겉) 앞판(겉)

9. 소맷부리 안단을 만든다.

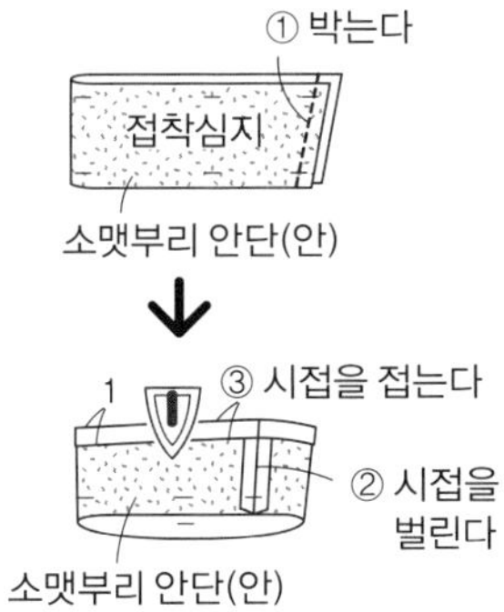

① 박는다
접착심지
소맷부리 안단(안)

1
③ 시접을 접는다
② 시접을 벌린다
소맷부리 안단(안)

10. 소맷부리에 소맷부리 안단을 단다.

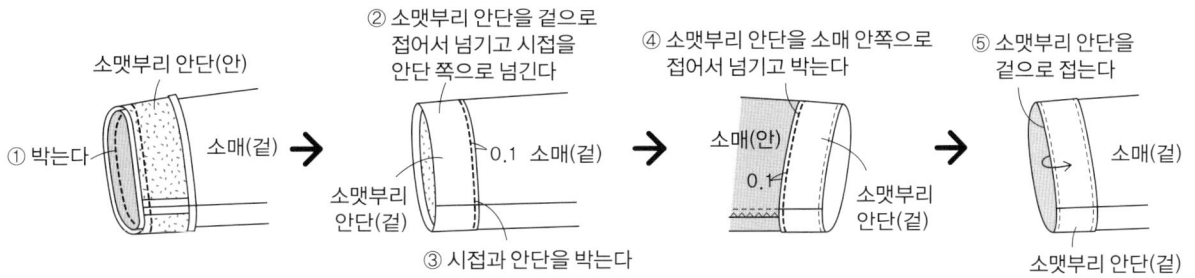

소맷부리 안단(안)
소매(겉)
① 박는다

② 소맷부리 안단을 겉으로 접어서 넘기고 시접을 안단 쪽으로 넘긴다
0.1 소매(겉)
소맷부리 안단(겉)
③ 시접과 안단을 박는다

④ 소맷부리 안단을 소매 안쪽으로 접어서 넘기고 박는다
소매(안)
0.1
소맷부리 안단(겉)

⑤ 소맷부리 안단을 겉으로 접는다
소매(겉)
소맷부리 안단(겉)

S 2단 프릴 숄
Photo / P.21　　실물 크기 옷본 C면

감촉이 좋은 벨기에 린넨으로 만든 숄. 직선으로 자른 프릴을 등에서부터 소맷부리까지 오도록 장식했습니다. 밑단에는 민무늬 프릴을 달았습니다. 지나치게 여성스러운 분위기가 싫으면 소매 프릴을 생략해도 좋습니다. 팬츠 스타일에는 여성스러운 느낌을 줄여서, 원피스에는 한층 더 강조한 느낌으로 만든 숄을 가볍게 걸쳐 보세요.

[재료] ※ 왼쪽에서부터 S / M / L / 2L사이즈
겉감(벨기에 린넨, 멜란지 블랙)
120cm 폭×1m 60cm / 1m 60cm / 1m 60cm / 1m 70cm
배색감 A(코튼, 블랙)
40cm×1m 70cm / 1m 80cm / 1m 80cm / 1m 80cm
배색감 B(시팅) 60cm×15cm

[완성 치수] ※ 왼쪽에서부터 S / M / L / 2L사이즈
가슴둘레 147 / 149 / 151 / 153cm
전체 길이 68.5 / 69.5 / 70.5 / 71.5cm

[만드는 순서]

1. 접박기 주름을 접는다.
2. 앞뒤판 위와 앞뒤판 아래를 박는다.
3. 소맷부리 안단을 만든다.
4. 소맷부리 안단을 단다.
5. 밑단 프릴을 만든다.
6. 밑단 프릴을 단다.
7. 옷깃 중심선을 박는다.
8. 옷깃 끝선, 앞판 끝선을 박는다.
9. 어깨선을 박는다.
10. 뒤쪽 목둘레를 박는다.
11. 프릴을 만들어서 단다.

[옷감을 마름질하는 법]

※ 정해진 곳 이외에는 1cm.
※ 숫자는 위에서부터 S/M/L/2L사이즈
※ 프릴은 옷감에 직접 선을 그려서 마름질한다.
※ 밑단 프릴 옷본은 ◎에서 맞붙여서 옮겨 그린다.

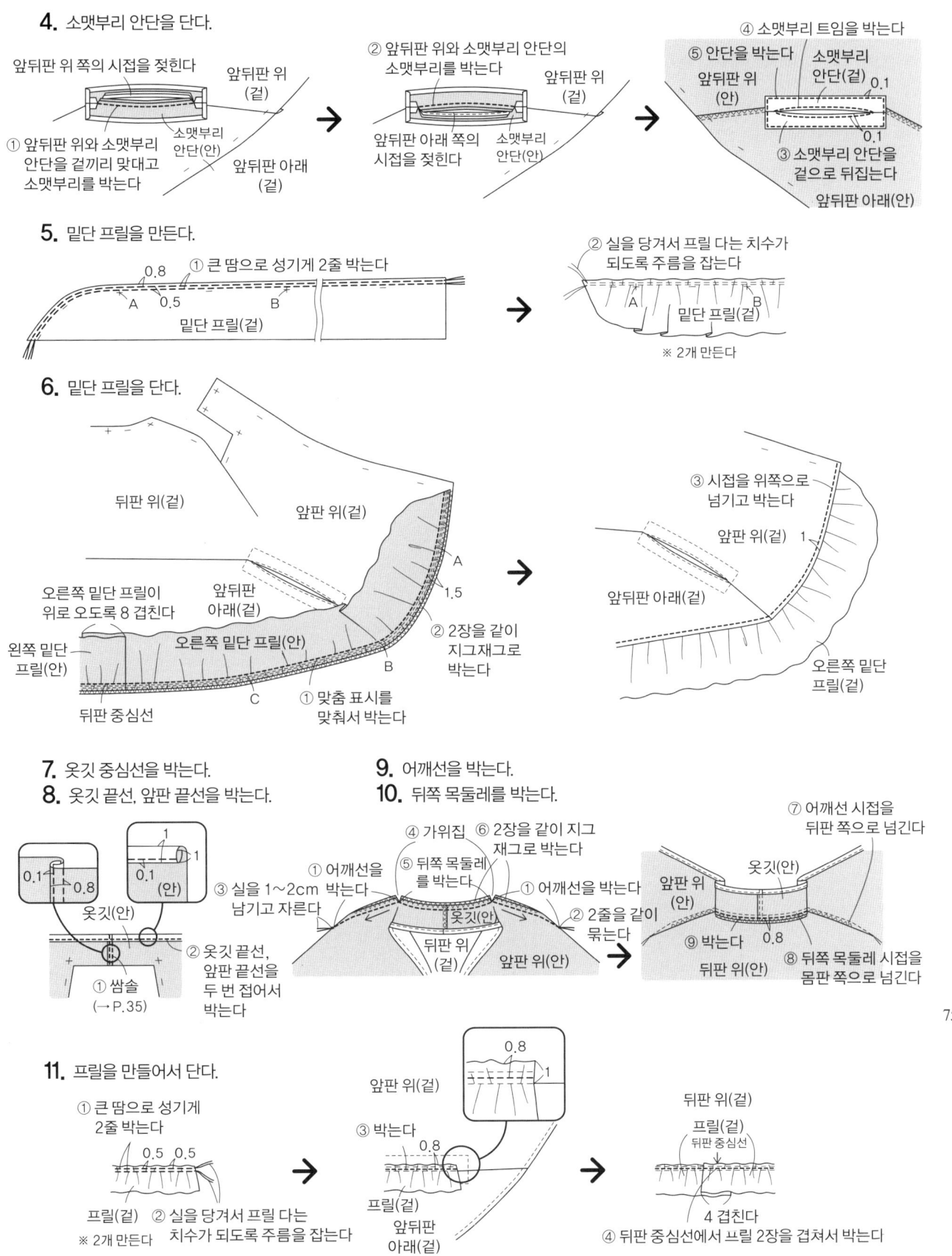

T 사이드 리본 스커트

Photo / P.12, P.18 실물 크기 옷본 A면

리본을 2단으로 박은 스커트입니다. 리넨 리본은 앤티크 같은 분위기가 나서 추천합니다. 구하기 어려우면 리넨 옷감으로 끈 모양을 만들어도 좋습니다. 약간 굵게 만들어도 귀여워요. 소재는 코튼 리넨 캔버스입니다. 뒤판에는 납작 고무줄을 넣어서 입고 벗기도 편합니다.

[재료] ※ 왼쪽에서부터 S / M / L / 2L사이즈
겉감(코튼 리넨 캔버스 트리플 워싱, 오프화이트) 105cm 폭×2m 60cm / 2m 60cm / 2m 60cm / 2m 70cm
1.5cm 폭 늘어남 방지 접착테이프 20cm
지름 1cm 단추 1개 | 지름 1.3cm 안단추 1개
1cm 폭 리본 테이프(블랙) 2m 70cm
3cm 폭 납작 고무줄 33cm / 37cm / 41cm / 45cm

[완성 치수] ※ 왼쪽에서부터 S / M / L / 2L사이즈
허리둘레 64 / 70 / 76 / 82cm
치마 길이 75 / 76 / 77 / 78cm

[만드는 순서]
1. 주머니를 만든다. (→ P.49)
2. 치마 왼쪽 앞판과 치마 오른쪽 앞판을 박고 트임을 만든다.
3. 치마 오른쪽 앞판의 접박기 주름을 접고 트임의 접박기를 한다.
4. 치마 뒤판의 접박기 주름을 접는다.
5. 치마 뒤판에 뒤쪽 겉허릿단을 단다.
6. 옆선을 박는다.
7. 밑단을 두 번 접어서 박는다.
8. 안단과 뒤쪽 안허릿단을 박는다.
9. 치마 앞판과 안단, 뒤쪽 겉허릿단과 뒤쪽 안허릿단을 박는다.
10. 리본 테이프를 단다.
11. 단춧구멍을 만들고 단추를 단다. (단춧구멍 만드는 법 → P.35)

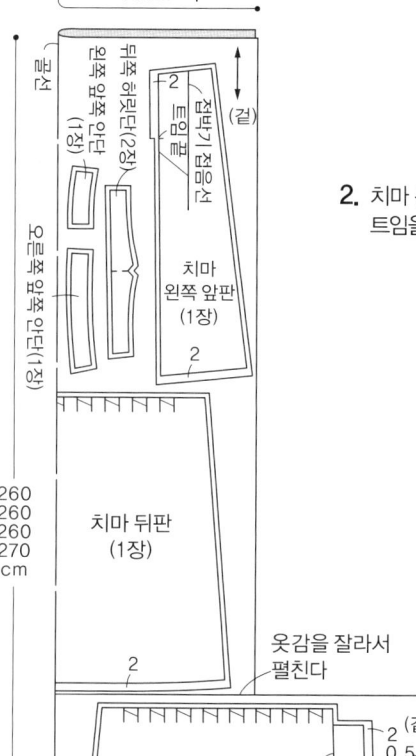

[옷감을 마름질하는 법]

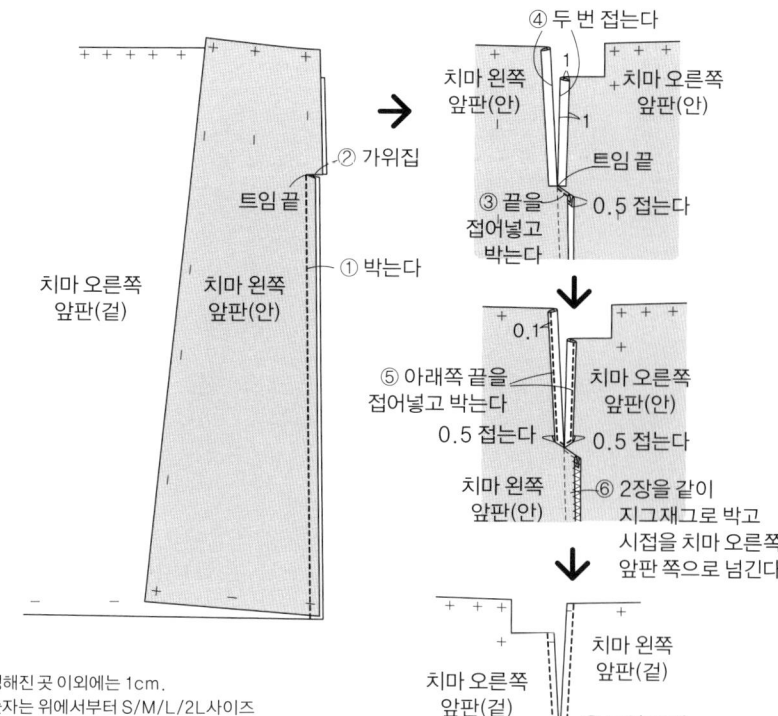

※ 정해진 곳 이외에는 1cm.
※ 숫자는 위에서부터 S/M/L/2L사이즈
※ 치마 오른쪽 앞판 옷본은 ◎에서 맞붙이고 옮겨 그린다.

3. 치마 오른쪽 앞판의 접박기 주름을 접고 트임의 접박기를 한다.

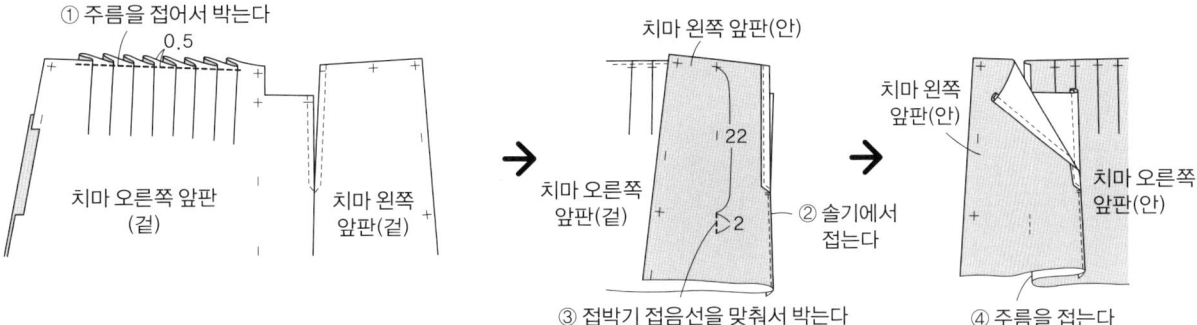

4. 치마 뒤판의 접박기 주름을 접는다.

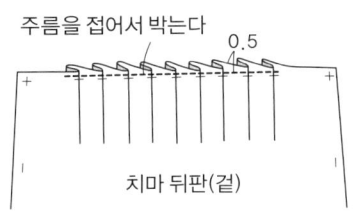

5. 치마 뒤판에 뒤쪽 겉허릿단을 단다.

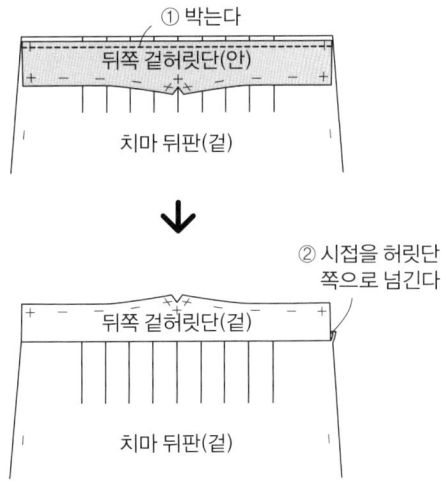

6. 옆선을 박는다.

7. 밑단을 두 번 접어서 박는다.

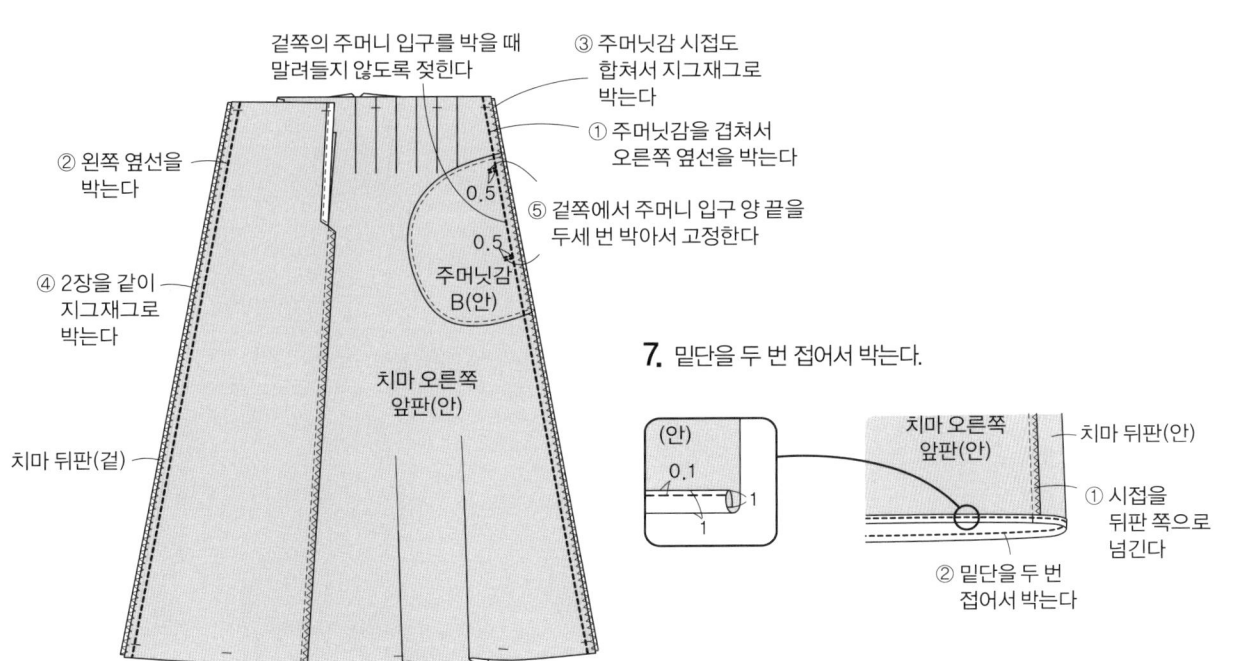

8. 안단과 뒤쪽 안허릿단을 박는다.

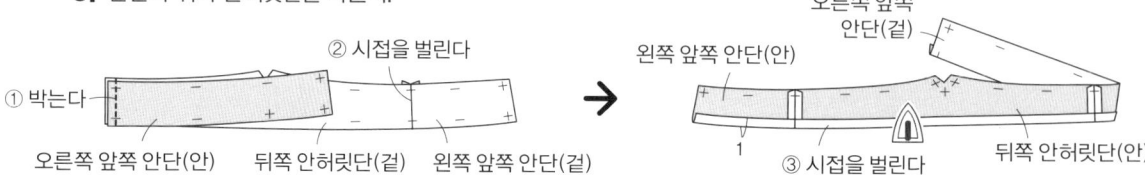

9. 치마 앞판과 안단, 뒤쪽 겉허릿단과 뒤쪽 안허릿단을 박는다.

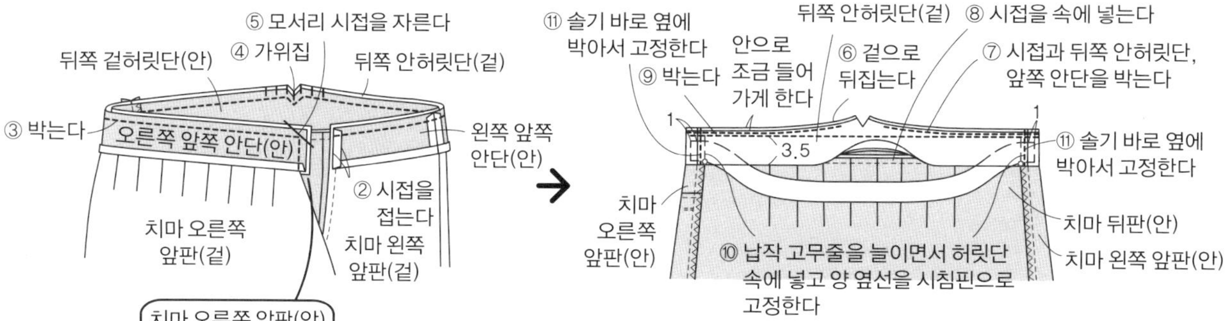

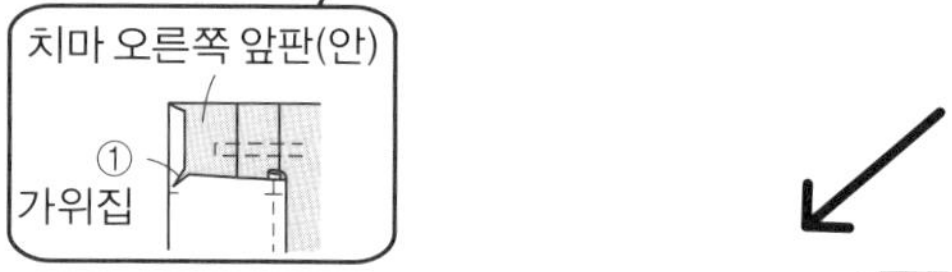

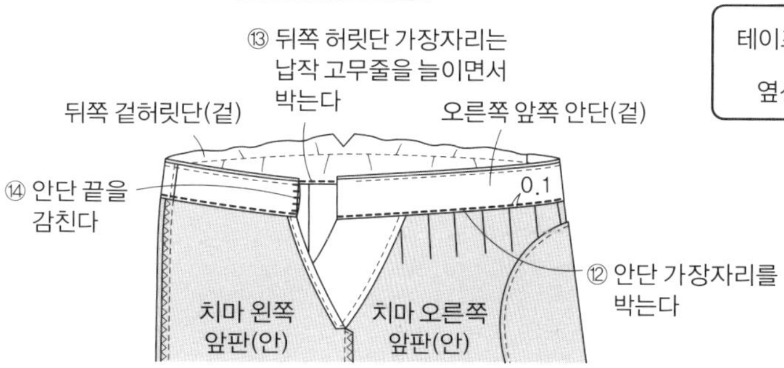

10. 리본 테이프를 단다.

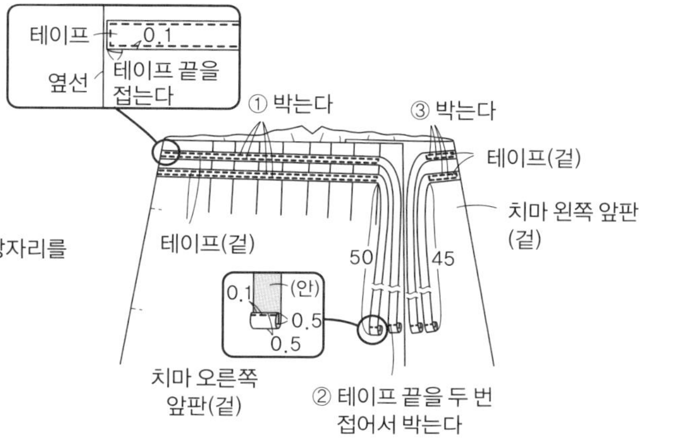

11. 단춧구멍을 만들고 단추를 단다. (단춧구멍 만드는 법 → P.35)

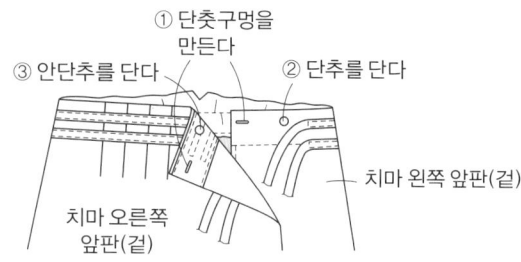

U 사선 스티치 토트백

Photo / P.20 실물 크기 옷본 A면

바닥이 둥근 토트백에 검정 실로 핸드 스티치를 했습니다. 격자 모양으로 꿰매기만 하면 무늬 없는 옷감이 나만의 자수 옷감으로 변신합니다. 포인트는 사선 방향으로 스티치할 것. 가방 입구는 검은색 안감이 조금 보이게 하여 파이핑을 한 느낌을 냈습니다.

[재료]
겉감(워싱 코튼 리넨 캔버스, 무염색) 108cm 폭×30cm
배색감(리넨, 베이지) 50cm×60cm
안감(코튼, 블랙) 100cm×60cm | 5번 자수실(블랙)

[완성 치수]
높이 25.5cm×너비 28cm

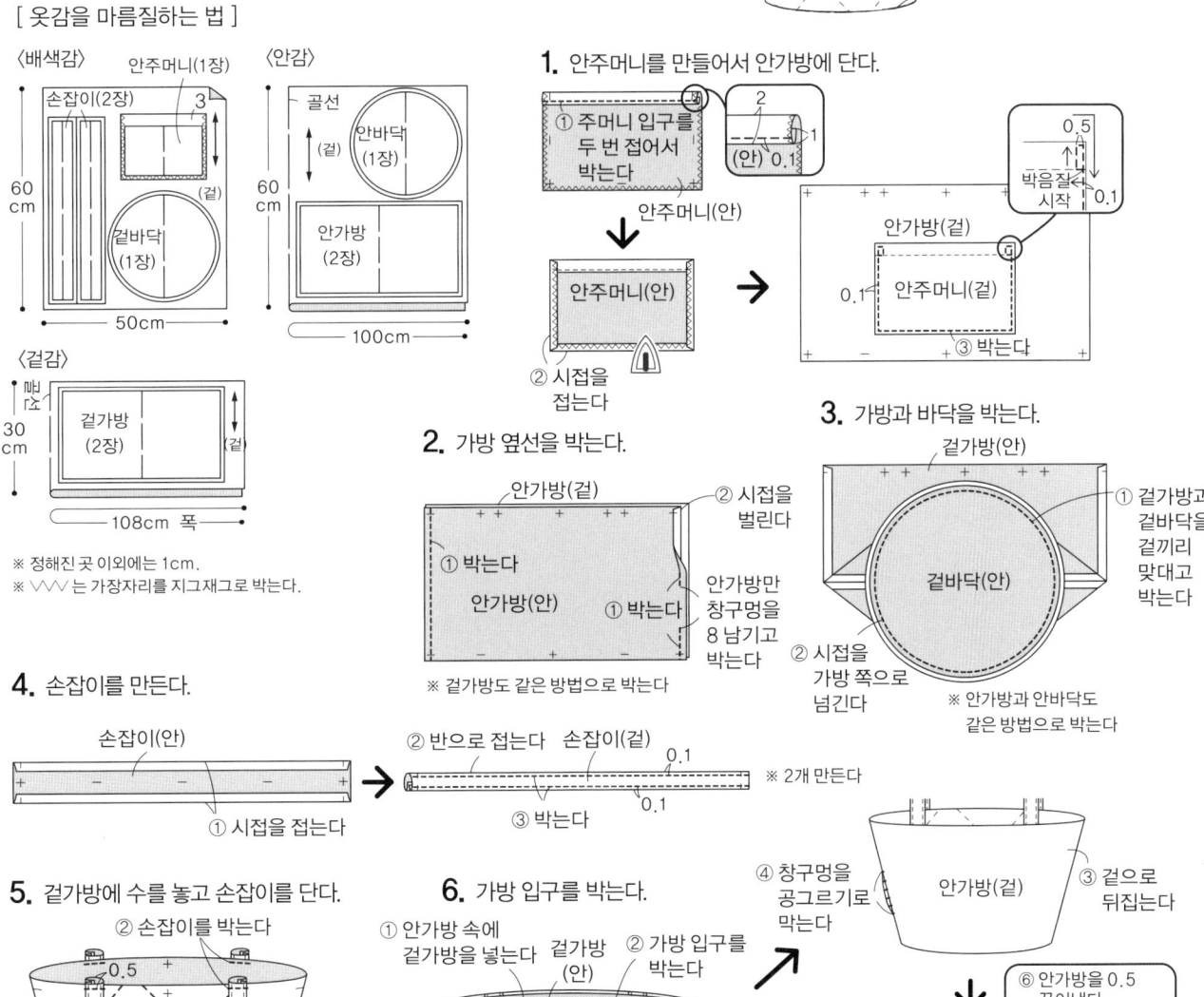

MAGALI NO NOSTALGIC NA WARDROBE by Eriko Somura
Copyright ⓒ 2020 Eriko Somura
All rights reserved.
Original Japanese edition published by EDUCATIONAL FOUNDATION BUNKA GAKUEN BUNKA PUBLISHING BUREAU
This Korean edition is published by arrangement with
EDUCATIONAL FOUNDATION BUNKA GAKUEN BUNKA PUBLISHING BUREAU, Tokyo
in care of Tuttle-Mori Agency, Inc., Tokyo through Botong Agency, Seoul

이 책의 한국어판 저작권은 Botong Agency를 통한 저작권자와의 독점 계약으로 즐거운상상이 소유합니다.
신 저작권법에 의하여 한국 내에서 보호를 받는 저작물이므로 무단전재와 무단복제를 금합니다.
이 책에서 소개한 작품의 전부 또는 일부를 상품화, 복제 배포 및 대회 등의 참가 작품으로 출품하는 것은 금지되어 있습니다.

천연소재로 만드는 유러피안 스타일 옷

1쇄 펴낸날 2023년 1월 5일

지은이 _ 소무라 에리코
옮긴이 _ 남궁가윤
펴낸이 _ 정원정, 김자영
편집 _ 홍현숙
디자인 _ 김민정, 이유진

펴낸곳 _ 즐거운상상
주소 _ 서울시 중구 충무로 13 엘크루메트로시티 1811호
전화 _ 02-706-9452 팩스 _ 02-706-9458
전자우편 _ happydreampub@naver.com
인스타그램 _ happywitches
출판등록 _ 2001년 5월 7일
인쇄 _ 천일문화사

JAPAN STAFF
아트 디렉션·북 디자인 _ 이바 마사루(tramworks)
촬영·콜라주 _ 마쓰모토 에리코
스타일링 _ 무라카미 기와코
헤어 & 메이크 _ 마스다 요코(다다시 사무소)
모델 _ 테히(Tehhi)
봉제 협력 _ 아즈마 사와미
만드는 법 해설 _ 고자카이 구미코, 히고 히로코
도면 _ 다마 스튜디오
패턴 그레이딩 _ 우에노 가즈히로
패턴 배치 _ 히고 히로코
교열 _ 무카이 마사코
편집 _ 스즈키 리에(TRYOUT)

ISBN 979-11-5536-200-6 (13630)

* 이 책의 모든 글과 그림, 사진, 디자인을 무단으로 복사, 복제, 전재하는 것은 저작권법에 위배됩니다.
* 잘못 만들어진 책은 서점에서 교환하여 드립니다.
* 책값은 뒤표지에 있습니다.